Joan Garriga

Decir sí a la vida

imago mundi

Joan Garriga

Decir sí a la vida

Ganar fortaleza y abandonar el sufrimiento

Ediciones Destino   Colección Imago Mundi   Volumen 323

Ediciones Destino es un sello de Editorial Planeta, S. A.
Diagonal, 662-664. 08034 Barcelona
www.edestino.es
www.planetadelibros.com

Primera edición: septiembre de 2021
Segunda impresión: diciembre de 2021
Tercera impresión: noviembre de 2022
Cuarta impresión: septiembre de 2023
Quinta impresión: abril de 2024

ISBN: 978-84-233-5989-9
Depósito legal: B. 9.984-2021
Preimpresión: Realización Planeta
Impreso por Arteos Digital, S. L.
Impreso en España - *Printed in Spain*

El papel de este libro procede de bosques gestionados de forma sostenible y de fuentes controladas.

A todas aquellas personas por las que, en algún lugar,
en algún momento, en algún modo, me sentí lastimado,
lo que indica que fueron importantes para mí.
Con el deseo sincero de que encuentren luz
y calor en su corazón.
A mis hermanos, y también a los buenos amigos del
camino. Con todos ellos mis alegrías (y las suyas) se
multiplican y mis penas (y las suyas) se reparten.
Al niño interior, alegre, expansivo, vivaz y confiado que
sigue viviendo en todos nosotros, a pesar de los pesares.

Por realidad y perfección entiendo la misma cosa.

SPINOZA

ÍNDICE

LA VIDA A VECES DUELE (A MODO DE INTRODUCCIÓN)

> El dolor es el precio que pagamos por estar vivos.
>
> HAROLD KUSHNER

> El mundo es eso —reveló—, un montón de gente, un mar de fueguitos. Cada persona brilla con luz propia entre todas las demás. No hay dos fuegos iguales. Hay fuegos grandes y fuegos chicos y fuegos de todos los colores. Hay gente de fuego sereno, que ni se entera del viento, y gente de fuego loco que llena el aire de chispas. Algunos fuegos, fuegos bobos, no alumbran ni queman; pero otros arden la vida con tanta pasión que no se puede mirarlos sin parpadear, y quien se acerca se enciende.

Con esta hermosa metáfora, Eduardo Galeano resume la condición humana en *El libro de los abrazos*: somos fueguitos; el mundo es un mar de fueguitos. Ardemos en la hoguera de la vida y del corazón, cada cual a su manera propia, con su luz particular, su singular historia, su propia familia, sus circunstancias específicas, su brillo personal y sus particulares sombras.

La llama de la vida que arde en el interior de cada persona es una llama inmemorial que va transmitiéndose de generación en generación a través de los padres, que aportan las dos partículas germinales que conforman el tres: como dos maderas que se frotan, encienden un fuego y entregan una vida a su propia chispa, pasión, movimiento, fuerza, alegría, pena, lealtad, traición y mil etcéteras. Es decir, a su propio viaje. Será inevitable que este fueguito a veces se agite y queme, que deslumbre al mundo o se quiebre, zarandeado por grandes vendavales o pequeñas brisas. Será inevitable, incluso, que a veces parezca enfermar o apagarse.

La metáfora del fuego para definir una vida y el calor que emana de su centro interno no es nueva. Otros relatos la describen como una vela que mengua sin pausa, con su tiempo más o menos programado de consunción y extinción, según la calidad de su cera, del medio ambiente que la rodea y en especial de los aires que la circundan. Las parcas trabajan infatigables en su inmenso palacio de bronce, cuenta la mitología griega, en cuyos muros suelen inscribirse los destinos humanos con letra imborrable; o tal vez esos muros de ultratumba alberguen miles de millones de cirios obsolescentes, y cada vez que alguno se apaga, alguien muera en algún lugar, aquí en la tierra, cerca o lejos...

El fuego que vive en cada uno es energía que se expande y calienta al exponerse al laudatorio, venturoso y alegre canto de la vida, y se contrae y enfría con el canto plañidero de los dolores, traumas, zozobras y pérdidas. Expansión y contracción, en alternancia, conforman el instintivo latido que anima a todo ser humano, a todo ser vivo, al Universo entero. Risa en la expansión y llanto en la contracción. Así lo refleja la emotiva y poética letra de Violeta Parra, que conocí a través de la maravillosa versión cantada por Mercedes Sosa:

Gracias a la vida, que me ha dado tanto,
me ha dado la risa y me ha dado el llanto,
así yo distingo dicha de quebranto
los dos materiales que forman mi canto
y el canto de ustedes, que es el mismo canto.

Cantemos pues, elevemos nuestra voz, entonemos la canción que alienta nuestro fueguito, pase lo que pase, con dignidad y amor a la vida. Asumamos también el llanto y los quebrantos, y aprendamos a gestionarlos, transitarlos e integrarlos. Este libro quiere abordar, precisamente, la gestión y superación de las inevitables abolladuras, pérdidas, insatisfacciones y decepciones que todos experimentamos en nuestras vidas; del sufrimiento, en suma. Esos momentos, o tiempos, en los que la llama tiembla, se contrae, y se nos exige sabiduría y virtuosismo existencial para transitarlos. Ya que cuando el llanto y la pena, con sus hilos negros, nos visitan, parece que la vida se retrae y que la llama que nos impulsa se consume a mayor velocidad. Entonces nos convertimos en fueguitos que ardemos sin armonía, tronchados, angustiados, sufrientes. Enfermamos a veces. Sufrimos. Y, si no somos capaces de sortearlos adecuadamente, hacemos sufrir a la vida, que se duele y alarma de nuestra dificultad para tomarla tal como viene.

La vida a veces nos duele. Así, con un enunciado simple y rotundo, lo establece la primera noble verdad de Buda en su sermón de Benarés. Y nos duele de maneras relativamente parecidas a todos, aunque se expresen de formas muy variadas: con el desamor que recibimos de los demás o con el que nos envenenamos a nosotros mismos —lo que constituye tal vez una de las mayores plagas psíquicas de nuestro mundo contemporáneo: la falta de un genuino amor propio—, con abandonos, con traiciones, con expectativas frustradas, con riesgos no asumidos, caminos no emprendidos, muertes y pérdidas, violencias e injusticias de distintos tipos, culpas, engaños, enfermedades y fragmentos de realidad indeseada como estos:

«Perdí a mi madre cuando era muy niña. Muy a menudo noto un sentimiento de falta y extrañeza, un vacío que nada llena».

«No logro encontrar mi camino profesional ni sostenerme económicamente. Me siento sin estima, fuera del círculo del éxito, y me avergüenza pedir ayuda a mis padres a mis cuarenta años.»

«Me paso la vida en el trabajo equivocado, haciendo algo que no me agrada; y con el hombre equivocado, al que dejé de querer.»

«Mi marido me acaba de dejar después de treinta y cinco años de matrimonio. No me lo esperaba. Me dijo a bocajarro que se había enamorado de otra mujer muy joven y se fue.»

«No logro quedarme embarazada. ¡Y ya voy por el octavo intento! Empiezo a pensar que no seré madre.»

«Mi hijo tiene problemas escolares y su comportamiento es muy agresivo.»

«No tuve el valor de seguir a la mujer que amaba y ahora es tarde. Abandoné la escultura y me convertí en alguien económicamente exitoso, pero nada ha sido comparable al viejo placer de dar forma a las cosas. Y ahora, penosamente, es tarde.»

«Me han diagnosticado una leucemia. Estaba cansado, acudí por precaución al hospital para que me hicieran una analítica y de pronto me soltaron la noticia: leucemia mieloide. En un instante estalló la normalidad de mi vida.»

«Mi pareja me trata mal. Hace tiempo que quiero separarme, pero no acabo de atreverme.»

«Nuestro hijo murió atropellado por un tren con trece años. Se nos fue la alegría para siempre.»

«Tuve un tiempo de drogas y mala vida, y abusé física y emocionalmente de mis hijas. Ahora he abierto los ojos, lo veo y me quiero morir.»

«Nos ilusionaba mucho viajar por Oriente. Nunca imaginamos lo que nos ocurriría. Sufrimos un secuestro que nos abocó a una profunda impotencia y desprotección. Temimos ser asesinados. Por suerte fuimos liberados al cabo de una semana, pero después de esto no volvimos a ser los mismos: la depresión y un difuso sentimiento de extrema fragilidad nos acompañan.»

Este muestrario de versiones específicas del sufrimiento corresponde a historias reales escuchadas en el curso de mi actividad como psicoterapeuta. Cuando los profesionales de la ayuda nos interesamos por saber dónde les duele la vida a las personas que acuden a nosotros, sus respuestas se parecen en el fondo: un amor lastimado, un vínculo perdido o herido, una violencia perpetrada o sufrida, un proyecto anhelado que jamás se realizó, un don o un amor no asumido al que cobardemente hemos fintado, una vacuidad o sinsentido, etcétera. Todas estas cuestiones tienen que ver con los grandes asuntos del viaje de la vida. Esos que todos, de una forma u otra, tenemos que afrontar, y que se pueden simbolizar a través de la sexualidad, puerta y patrón emblemático de toda creatividad y expansión, y a través de la muerte, a su vez puerta y patrón de todo cierre y final. Veremos en detalle estos grandes asuntos en otro capítulo.

RENGLONES TORCIDOS

Quizá todo lo terrible no sea, en su más profunda esencia, sino algo indefenso que necesita nuestro amor.

R. M. Rilke

Hay quien atribuye a santa Teresa la famosa frase «Dios escribe recto con renglones torcidos». Renglón torcido remite a un suceso doliente, injusto, cruel, a todas luces terrible para el ojo humano. «Dios, ¿por qué, por qué, por qué...?». Tantas veces habré escuchado este penoso u oscuro o iracundo o vencido «¿por qué?», sobre todo en personas a las que he podido acompañar terapéuticamente, sumergidas en el negro pozo del desconsuelo y de la anhelada búsqueda de esperanza. Un «¿por qué?» terrible, sin respuesta, elevado instintivamente a la abstracta idea de que hay alguien ahí. A la idea de un Dios etéreo que habita ese lugar donde yace la lejana resonancia del prodigio de la existencia, de lo mítico, del misterio, de lo trascendente, de lo inefable. ¿Escribirá Dios con renglones torcidos? De hecho, ¿escribirá Dios? Sin duda, las cosas suceden; la realidad no se pliega siempre a nuestros deseos, sino que, al parecer, escribe con un lápiz azaroso, desprovisto de sentimientos o de amor, de justicia o incluso de sentido. Dijo Spinoza: «Por realidad y perfección entiendo la misma cosa», una frase difícil de asumir para nosotros, pequeños humanos que bastante tenemos con aceptar nuestro día a día.

Dios no debe ser ni encajar en nuestra idea de Dios,

ni debe coincidir con los atributos de los que pretendemos investirlo; quizá no se sienta demasiado conmovido cuando le elevamos nuestros ruegos, ni en suma representado cuando libramos una o mil guerras en su nombre. A Dios no lo encontraremos en las páginas de las Sagradas Escrituras, sean de una u otra fe. A lo sumo, tal vez tenga que ver más con Dios esa inspiración que ocasionalmente destilan tales libros cuando señalan dónde habita realmente lo divino, aquello que de una manera intuitiva todos podemos presentir. «La letra mata, pero el espíritu vivifica», dice un pasaje de la Biblia, en el sentido de que no es en la gramática, o en los relatos, o en las leyes escritas, donde encontraremos la vida espiritual.

Tal vez Dios no tenga nada que ver con lo que pensamos, ni sea descriptible ni quepa en mente alguna. Tal vez Dios sea lo que es, sin más, como la vida es simplemente vida, como todo es como es... Y tal vez Spinoza tenga razón y Dios sea la realidad en sí misma, perfecta a cada momento; o perfectamente imperfecta, descansando sobre sí misma, sin renglones torcidos, aunque a veces nos lo parezcan, aunque duela tanto en ocasiones y pueda lucir tan injusta. Aunque la justicia, suelen decir algunos, sea una idea humana, y no de la naturaleza ni propia de la realidad. Sin embargo, el ser humano y su mundo también han sido creados por la naturaleza, y es la naturaleza la que ha hecho nacer en nosotros la noción de la equidad y la vivencia de lo justo.

Renglones torcidos, congojas, problemas, adversidades. ¿Quién los compra? ¿Quién los quiere? Nos desagrada sufrir, huimos de las dificultades, el dolor nos resulta incluso inmoral, pero, en otro sentido, y de alguna extraña manera, parece que todos necesitamos que algún aspecto o fragmento de nuestra vida no nos vaya bien en ciertos momentos, lo cual nos empuja a crecer. Una vida que funcione con excesiva comodidad nos adormece. El viaje mítico de la vida de cada persona requiere de obstáculos y de un ego que, de vez en cuando, quede sumergido junto a sus pretensiones en la ciénaga del devenir, de modo que, cuando resurjamos del barro, lo hagamos más libres y sabios. Necesitamos atravesar pasos estrechos, recibir acicates, vivir complicaciones que nos impulsen, exijan y muevan de nuestro lugar de comodidad. Somos requeridos por pasajes hacia lo desconocido. Escuchamos la voz de nuestra misión interior para que la concretemos en el mundo. La mayoría de las personas reconocen fácilmente al menos un área de su vida como compleja, difícil, frustrante o exigente: la pareja, los padres, la salud, el trabajo, el dinero, los hijos, el propio carácter, algunas emociones... ¡Caballos de batalla!

Tener dificultades puede, por tanto, resultarnos muy útil. Tal vez no las deseemos, pero las necesitamos. Con suerte, nos hacen más humildes y humanos: adelgazan el ego y enseñan que, en lo esencial, no somos aquello en lo que nos invertimos o con lo que nos identificamos. Cuando no nos parten ni nos destruyen, nos hacen más fuertes. Como lo expresaba Nietzsche: «Lo que no nos mata nos fortalece». Las dificultades nos empujan a generar recursos, a madurar, a abandonar viejos postulados, a cambiar algunas gastadas visiones del mundo o de nosotros mismos. Todo es transitorio, y muy a menudo somos expulsados de los viejos sofás en los que nos apoltronamos, como una invitación a afrontar el siguiente paso hacia delante. ¡Bienvenida, vida!

Las dificultades nos impulsan a crear y actuar. Dirigen nuestra energía hacia el futuro. Cuando la realidad que nos circunda no nos gusta y deseamos cambiarla, sentimos un impulso irreprimible por actuar, y debemos hacerlo. La buena energía se dirige siempre hacia lo venidero, hacia lo que llega a cada momento. En cambio, cuando nos atascamos en lo que dolió, nuestra energía se orienta hacia el pasado, y entonces los problemas dejan de ser creativos y nos paralizan. Hacia el futuro, la energía impulsa acciones, genera recursos, nos permite desarrollar tolerancia a la dificultad y, en el mejor de los casos, sabiduría; con ello, sembramos esperanza, ingrediente necesario para un buen vivir.

Cuando era joven e inocente profesaba la idea de que, si me afanaba y esforzaba, algún día las dificultades y los problemas cesarían. Hoy en día sé que son mayores y más frecuentes a medida que avanza la vida, pero que, por suerte, nos encuentran mucho más bregados, de manera que podemos transitarlos con cierto desapego: nuestra capacidad para sostener las dificultades no deja de aumentar conforme envejecemos y nos conocemos mejor a nosotros mismos. Y vivimos más asentados en el presente y en nuestro centro. Y ello no pasa por la resignación ni por la pasividad, sino por el proceso de asentir a la realidad. Esto no significa debilitarse o militar en el fácil conformismo; el sí a la vida no tiene nada que ver con quedarse de brazos cruzados. Suelo poner un ejemplo: si te dicen que tu hijo está muy enfermo, sería muy estúpido que dijeras: «Asiento a esta realidad y a ver qué pasa». ¡Claro que no! Asientes a esta realidad e, inmediatamente, asientes a la realidad de ponerte en movimiento para llevarlo al hospital o para buscar un buen especialista en su enfermedad. Si de la noche a la mañana nos diagnostican una dolencia grave, seguramente tendremos miedo o nos enojaremos. Es normal, así funciona. Tendremos que asentir a estos sentimientos también. Pero, al fin, habrá que concordar con que esta es la realidad en este momento: estás enfermo. Y te pondrás en marcha, ya sea para curarte, si es posible, o para vivir la dolencia hasta el final, si no hay más remedio.

Asentir es, pues, aceptar lo que la vida trae sin renunciar a la capacidad que la misma vida nos otorga, como parte que somos de ella, para modificar o mitigar aquello que nos violenta o nos duele. Todas las personas tienen dificultades en algún momento, pero las que no pierden el tiempo discutiendo con la realidad suelen ser mucho más eficaces en la gestión de sus problemas. En cambio, las que se enroscan en la queja, el victimismo, el enojo o la fatalidad o cualquier otra posición estática pierden toda eficacia, malogran su energía y se paralizan en un lugar sufriente.

Entiendo que no siempre es fácil asentir a la realidad ni practicar el santo o gran sí a la vida, y mucho menos de manera espontánea, aunque tal vez esta fuerza afirmativa sea el ingrediente más espontáneo que exista en el fondo de nuestro corazón, libre de impurezas, del que nos hemos separado. No conozco a nadie tan iluminado que sienta una apreciación absoluta, constante e inmediata por todo lo que pasa o le pasa, aunque algunos se acercan bastante a esta actitud vital. Pero todos recorremos siempre el camino de quien necesita aprender a aceptar.

Que los renglones de nuestros caminos sean renglones, sin más, y que nuestras huellas sean dignas, sin importar si esos renglones fueron, o son, rectos o torcidos, pues estas son categorías de la mente pequeña que evalúa, pero no de la gran perfección de la realidad asentada en sí misma y en lo que es, tal y como es. ¿Cómo? Bailando. ¿Cuándo? Ahora. ¿Dónde? Aquí.

LOS GRANDES ASUNTOS

Oh, vida, vida, tiempo milagroso que va
de contradicción en contradicción,
a veces en tu marcha tan mala, tan difícil
tan arrastrada y luego de repente tendiendo
las alas de indecible anchura, como un ángel:
oh, inexplicable, oh tiempo de vida.
Entre toda existencia que osó con grandeza
¿puede haber otra más ardiente y atrevida?
Estamos apoyados en nuestros propios límites
aprendiendo algo nunca conocible.

R. M. Rilke

La vida es la concreta expresión de lo sagrado, un don precioso, un préstamo para un tiempo finito, pero no suele ser un camino de rosas ni es siempre armonioso. El sendero que cada quien transita se halla jalonado por grandes asuntos que inevitablemente deberemos encarar: retos, destinos, tareas, procesos y encrucijadas existenciales. He aquí algunos de los más importantes:

- Las raíces: preguntas irresistibles que nos conmueven hasta el tuétano. ¿De dónde venimos?, ¿quiénes son nuestros anteriores?, ¿qué les ha tocado vivir?, ¿cómo fueron y actuaron? Es decir, la familia en un sentido amplio y generacional, la biografía de nuestros ancestros, el árbol de fueguitos anteriores a nosotros, nuestros progenitores y padres. La importancia de nuestras raíces nos plantea el reto de cómo tomar, por un lado, los dones legados por los anteriores, y de cómo asumir, por otro, las grietas y magulladuras del árbol, para al fin lograr ponernos en paz con los padres y con todos ellos, aplicando bálsamos salutíferos sobre aquellas heridas que se produjeron, o que aún persisten, de tal modo que se conviertan en nutrientes en vez de continuar cargando con ellas como pesados fardos.

- La sexualidad: ese gran poder que abre la puerta de toda vida y nos conecta con las fuerzas superiores que la gobiernan. En el ámbito de la sexualidad encontramos los temas de la pareja y los vínculos de amor y erotismo, las exparejas, el amor y el desamor, la alegría y la traición, las uniones y las separaciones, etcétera. Y, a continuación, algo tan crucial como la maternidad, la paternidad o su ausencia, en la que transmitimos, o no, lo que a su vez nos fue transmitido. ¿Seremos padres y madres o no?
- La hermandad y el conocimiento de lo fraterno en el mundo, la amistad, el trabajo, el éxito y el fracaso (sea lo que sea que signifique esa palabra para cada uno dentro de su potencial a desarrollar), las ganancias y las pérdidas (y cómo no perderse uno mismo ni en las unas ni en las otras), etcétera.
- La violencia, en todas sus manifestaciones, incluida la inequidad y la competitividad, siempre latentes y presentes entre los humanos. Violencia, a veces traumática, que golpea con saña nuestra frágil dignidad y que rompe las cuerdas del alma en, por ejemplo, abusos y violaciones, guerras y atrocidades.
- La enfermedad, que nos recuerda nuestros límites, y la salud, que tratamos de preservar. La soledad que nos invita a hacerle frente y a llegar incluso a disfrutarla, porque, como dijo Pascal, «Todas las desgracias del hombre se derivan del hecho de no ser capaz de estar tranquilamente sentado y solo en una habitación». Aunque, sin duda, no debe confundirse con el retraimiento, tan grato a aquellos que muestran un exceso de predisposición caracterial a defenderse del mundo en el parapeto de sí mismos, creando lejanía de los demás. No es lo mismo soledad —que merecemos y debemos saber vivir— que aislamiento —tan lejano al mamífero que somos y, por

tanto, un antinatural y terrible generador de sufrimiento en el cual los seres humanos nos marchitamos.

- La muerte, grande y soberana —que, junto a la sexualidad, constituye el otro gran poder, el que apaga todos los fueguitos que fueron prendidos en su día—. La muerte propia y la de los seres queridos nos reta a crecer hasta los insospechados confines de la entrega y la plena humildad, y a menudo nos lleva más allá, hacia otro gran horizonte: el del misterio y lo inefable, el del incognoscible infinito.

Como podemos observar, casi todos los temas citados son asuntos vinculares, en los que suceden acontecimientos en relación con personas concretas: padres, hijos, parejas o exparejas, hermanos, familia amplia, amigos, nosotros mismos, etcétera. Otros son temas ante los cuales tiembla todo nuestro ser: la sexualidad, la muerte, el amor, la trascendencia, la soledad, la propia identidad, la enfermedad, la violencia, la desigualdad... Podríamos definir tales asuntos como *universales afectivos* o *universales existenciales*, pues de una manera u otra nos conciernen a todos. No es posible, por ejemplo, dejar de abordar o de encauzar de algún modo la propia vida afectiva y sexual. No podemos zafarnos de elegir un vínculo afectivo o permanecer ajenos a él; casarnos o no casarnos, estar en pareja o solteros, tener hijos o no tenerlos. No podemos escaparnos de la visita de la enfermedad o de la muerte de personas que queremos, o de la propia parca. No podemos parar la vida, aunque lo deseemos ardientemente en algún momento. Algunos se la quitan, pero ni siquiera ellos pueden evitar posicionarse entre el vivir o el morir.

Vivir no es fácil, ni simple, pero no se puede negar que es interesante. Con suerte, podemos conseguir que la vida sea alegre y hermosa la mayor parte del tiempo (a ello ayudará madurar, de modo que aprendamos a «estar bien» incluso cuando soplen vientos que nos sean desfavorables); con más suerte aún, y mucho trabajo personal, podemos convertir la vida en una obra de arte con una pátina sublime. Pero para eso tenemos que usar toda la paleta de colores existenciales, incluidos los ocres, los fríos, los oscuros, y no solo los vivaces, los dulces o los que nos calientan el corazón. Tenemos que ser capaces de albergar todo lo que sucede, aunque a veces tome la forma de adversidad, de dificultad o de inclemencia. Y, para conseguirlo, ayudará que nos sintonicemos con el contenedor imperecedero de todas las formas de expresión y plasmación de la vida: la conciencia.

Entre los grandes temas del viaje de la vida, uno de los primeros en manifestarse es el de nuestras raíces, nuestros orígenes y nuestro pasado, unido a la necesidad de saber cómo asumir aquello que sucedió y que, hoy en día, aún nos nutre o nos debilita. Las preguntas asociadas son quién soy, de dónde vengo y si estoy en sintonía o no con los que estuvieron antes, léase padres y anteriores, que se encuentran, por decirlo de una manera visual, adheridos a la planta de nuestros pies o sujetándonos por la espalda a la par que transmitiéndonos su fuerza. Esa sintonía, o falta de ella, hace que nuestro caminar tenga un estilo u otro, que cojeemos renqueantes o que nos sintamos sólidos y bien plantados. Nuestro árbol genealógico es una matriz de fuerza y de bendiciones que se proyecta hacia el futuro, y nosotros somos uno de sus éxitos. También es una matriz de dolor y pérdidas que a menudo se manifiesta como un legado de pesos existenciales y guiones de sufrimiento, de pruebas en el camino que, al fin y al cabo, deberemos superar para gozar de una vida mejor y para ofrecer el fruto de nuestra liberación a nuestros anteriores y a nuestros descendientes como el mejor regalo que podemos brindarles.

En el viaje de la vida, aparece a continuación la sexualidad como una poderosa y embriagadora fuerza. Y uno empieza a interesarse no solo por los anteriores, sino por los que caminan a nuestro lado. Así, empezamos lentamente a abandonar la verticalidad del árbol familiar para dirigir nuestra atención hacia lo horizontal, en busca de otros árboles genealógicos con los que cruzarnos. Y, aunque también se dé cierto grado de horizontalidad entre hermanos, la genuina conexión en igualdad se produce con los pares no sanguíneos, en especial con la pareja: un otro significativo ajeno a la familia de origen. En este punto aparece un nuevo dilema existencial: ¿debemos meternos en los problemas y beneficios de vivir relaciones de amor, en el formato que sea, o elegimos los problemas y las ventajas de no tenerlas? Planteo un dilema un tanto artificial, después de todo: en la práctica, la sed de conexión amorosa y la sexualidad son tan impetuosas que, de un modo u otro, siempre nos acabamos metiendo en líos.

La pareja es un campo privilegiado donde exponemos el corazón, nos sumergimos en nuevos vínculos, creamos nuevas maneras de relacionarnos o incluso vida nueva, nos hacemos candidatos al dolor y nos jugamos muchas cosas significativas. Al experimentar la pareja, nos suelen asaltar los más inusitados temores y deseos, y frecuentemente estallan viejos conflictos y patrones de nuestra historia familiar y afectiva, que operan como invitaciones a revisar lo no resuelto del pasado. La pareja aparece, así, como uno de los vínculos más notables y profundos de la vida, junto con el de los padres, los hijos, los hermanos y los abuelos (abordé estas cuestiones en *El buen amor en la pareja*).

A continuación vienen otras preguntas, o mejor dicho, otros asuntos que debemos encarar, sobre todo el de los hijos. Tenerlos supone un gran desafío para los padres, que se comprometen con todo lo que afecta a la vida del recién llegado al mundo y se sintonizan con el movimiento de dar y cuidar vida: un movimiento que destila, en sí mismo, una genuina grandeza. Cada hijo es un destino que los padres asumen para siempre. Pero también existe la opción, igualmente válida, de no tenerlos, ya sea a causa de una decisión personal que haya que asumir o de un designio inapelable de la vida ante el cual haya que inclinarse.

También aparecen otros asuntos, como la amistad, o su triste reverso, la enemistad. Uno de los encuentros más bellos de la vida es el que se produce con ciertas personas que pasan a ocupar un lugar prominente en nuestro corazón como amigos, socios, colaboradores o aliados; personas con las que somos capaces de crear en común, de mover engranajes y ruedas que nos lleven a buenos lugares y que contribuyan a dar buenos frutos.

¡Qué maravilloso es coincidir entre tantas variables, mundos y espacios, y enriquecernos mutuamente, o enriquecer y embellecer la vida juntos! Si el encuentro providencial entre nuestra madre y nuestro padre del que somos fruto ya es de por sí un milagro, experimentar la bendición del encuentro con personas que llegan a importarnos porque el azar lo sugiere —o lo impone— o porque así lo deseamos, o porque la vida lo quiere, nos nutre, nos hace crecer y dar frutos.

A la amistad no se le suele otorgar la misma importancia que a la pareja o a la familia, pero desdichado aquel que no tenga amigos francos, confiables y desinteresados. Se sabe, por ejemplo, que muchas personas que están cerca de la muerte se arrepienten de haber descuidado viejas amistades. Aristóteles le concedía un altísimo valor a la amistad, y Montaigne, que disfrutó de la relación con su gran amigo Étienne de La Boétie, la consideraba un bien muy preciado, ya que, según decía, con buenos amigos las alegrías se multiplican y las penas se dividen. Con las amistades se crea una suerte de nueva y creativa fraternidad, por lo general exenta de las pasiones e implicaciones negativas que pueden encontrarse a veces en vínculos sanguíneos. En momentos de pena y celebración, de adversidad y de gloria, de avance y retroceso, nada se necesita tanto como una comunidad significativa, hecha de familiares y amigos, capaz de acompañar, contener y dar forma ritual a los sucesos que nos toca vivir; más aún en estos tiempos de devoción ultraliberal, que tanto daño causa al sentido del bien común.

Otro de los grandes asuntos de la vida es el éxito —y su reverso, el fracaso—. Lejos de la idea general que impera hoy en día, muy centrada en el afán de poseer, de tener poder o de lograr notoriedad, el éxito tal vez tenga que ver más bien con dar lo mejor de uno mismo, con servir a la vida en sintonía con lo que uno tiene, con plasmar los dones que insufla el duende personal de cada uno. Podríamos decir que es un gran pecado no dar lo que tenemos para dar. A veces cometemos semejante falta por temor al fracaso o al qué dirán. Y otras veces queremos dar lo que no tenemos: nos hacemos abogados, o médicos, o ceramistas, cuando en realidad nos mueven otros deseos. O caemos en la búsqueda desesperada de reconocimiento social al precio de traicionar nuestros movimientos naturales y de vestirnos para aquello que la sociedad o lo externo, más que nuestros impulsos profundos, dictamina o valora. Es decir, que cometemos *pecado* de falsedad.

Por supuesto, en un momento u otro nos enfrentaremos también a la gran cuestión de la muerte. A medida que voy siendo menos joven, más pienso en la muerte. Cuando uno llega a cierta edad cae nítidamente en la cuenta de que hay más pasado que futuro y que la muerte asoma en el horizonte. Seguramente, deberíamos darnos cuenta mucho antes. Son muchos los que aconsejan vivir con la conciencia del morir, no de manera obsesiva, pero sin negación, como una práctica para resaltar el milagro de cada momento vivido. Porque la muerte es a un tiempo realidad y símbolo que nos enseña el lenguaje del desapego: de uno mismo, de los contactos, de los seres queridos, de las cosas apreciadas. La muerte, al igual que la sexualidad, es un poder enorme que nos recuerda nuestra horizontalidad. Es la gran igualadora. Hace un tiempo escribí: «A medida que la vida avanza va apareciendo, en nuestro foco de atención, la conciencia de su finitud y la necesidad de dotarla de sentido y realización, esculpiéndola como la más bella obra de arte posible. Esto está en nuestras manos. No elegimos las cartas que nos tocan, pero sí podemos jugarlas a nuestra creativa manera. Por tanto, para los despiertos y para los menos jóvenes comienza a dibujarse en el horizonte futuro aquel hombre o aquella mujer en quien nos convertiremos cuando ya quede poco para soltar el regalo de la vida que nos fue dado. Y si pudiéramos imaginar que este "anciano del futuro" nos habla y nos cuida, seguramente nos diría: vive, ama, respétate, crea, arriesga, aprovecha el momento, contempla la belleza en todo, conoce tu verdadero ser y sé feliz».

Ligada a esta dialéctica de vida-muerte, por fin nos encontramos con el que tal vez sea el más profundo de los anhelos humanos: la necesidad y búsqueda de sentido, o de centro, o de encontrarnos a nosotros mismos en nuestro ser desnudo, más allá del cacareo mental o del voluble devaneo emocional. Seguramente, una vida con sentido se reconoce cuando la persona se orienta amorosamente de la mejor manera todo el tiempo. Cuando ama. Cuando tiene un propósito cada día. Cuando cuida bien de su cuerpo, su salud, sus vínculos. Cuando le da a la vida lo que tiene para darle. Cuando logra aceptar que la vida es como es a cada momento y puede apreciarlo. Y, sobre todo, cuando siente integrado en su interior el valor de lo que le trasciende y le abarca, de lo que le mueve y le recoge, del mundo y del misterio. Y encuentra un centro tan humilde como indestructible: el ser.

En definitiva, estos son los grandes desafíos. Todos tienen que ver con el nudo gordiano de los movimientos personales del corazón, música de toda vida. Hay movimientos de expansión y movimientos de retracción, una danza que se baila en función de la melodía que suena. Con los movimientos de expansión experimentamos alegría, inclusión; nos abrazamos y abrazamos al otro y lo otro. Nos expandimos. Con los movimientos de retracción, en cambio, sentimos rechazo y exclusión del otro, de lo otro e, incluso, de uno mismo. Nos tensamos.

Rilke escribe: «Ten paciencia con todo lo que sigue sin resolverse en tu corazón». Es maravilloso, porque nos propone una actitud paciente, confiada, se diría que incluso piadosa. Todos tenemos asuntos sin resolver: una separación pendiente, algo con la madre, algo con un hijo, algo respecto a nosotros mismos que nos aprieta, alguna culpa, un diagnóstico reciente, un duelo. Si nos escuchamos atentamente, salta de inmediato y de forma natural lo que debe ser abordado como siguiente paso en nuestro camino. Y continúa Rilke:

> Ten paciencia con todo lo que sigue sin resolverse en tu corazón, pero intenta amar la pregunta por sí misma,

> como si fuera una habitación cerrada o un libro escrito en una lengua extranjera. No intentes buscar las respuestas que no estés preparado para vivir, pues la clave es vivirlo todo. Ama la pregunta, vive en ella y entonces, quizá, lenta, gradualmente, algún día lejano, llegues a la respuesta.

Y esto también es precioso: no solo debemos tener paciencia, sino amar aquello que toma el espacio en nuestra vida y se va configurando como pregunta, aunque sea en una lengua desconocida, aunque sea una habitación cerrada. ¿Cuántas habitaciones de nuestro palacio interior o de nuestra casa familiar tienen que ser exploradas y habitadas todavía? ¿Cuántas frases en lenguajes extraños necesitamos comprender de nosotros mismos? ¿Cuántos esbozos de sensaciones intuidas en nuestro cuerpo y en las alquimias de nuestro inconsciente deben convertirse en una lengua inteligible, aflorar de la cripta y pasar a nuestra atención y conciencia? Seamos misericordiosos con nosotros mismos y con los retos que interminablemente nos visitan. Tengámonos paciencia y amemos las preguntas. Sin prisas. Las respuestas llegarán a su debido tiempo si perseveramos en la pregunta y permitimos que fermenten en su propio caldo. Si no las escondemos ni nos escondemos. Como decía Rumi: «Si quieres la luna, no te escondas de la noche. Si quieres una rosa, no huyas de las espinas. Si quieres amor, no te escondas de ti mismo».

En mi experiencia como terapeuta observo que detrás de cualquier síntoma, problema, sufrimiento o trastorno subyace algún tránsito relacionado con estos *universales existenciales* que se ha atascado en su devenir o en su resolución. La tarea terapéutica consiste siempre en sumergirse en ese atasco, en quitarse los velos y las represiones y dejar que surja la pregunta, que fermente, que duela incluso, y que crezca para bañarnos en el líquido existencial de lo que, en su momento, quedó oscurecido o turbio. Y, en un segundo paso, la tarea terapéutica nos invita a aplicar grandeza de corazón sobre lo sucedido, de modo que podamos sentir un movimiento expansivo hacia ello. Un movimiento expansivo que es, a la vez, inclusivo, que cura nuestro cuerpo enfermo, tal como poéticamente propone Khalil Gibrán en *El profeta*:

> Si pudierais mantener vuestro corazón maravillado ante los diarios milagros de la vida, vuestro dolor no os parecería menos prodigioso que vuestra alegría.
>
> Mucho de vuestro dolor es elegido por vosotros mismos.
>
> Es la poción amarga con la que el médico que hay dentro de vosotros cura vuestro ser enfermo.
>
> Por tanto, confiad en el médico y bebed el remedio en silencio y tranquilidad, porque su mano, aunque dura y pesada, guiada está por la tierna mano del invisible.

SOBRE EL DOLOR Y EL SUFRIMIENTO

Perseverar en obstinado desconsuelo es una conducta de impía terquedad; es un pesar indigno del hombre; muestra una voluntad rebelde al cielo, un corazón débil, un alma sin resignación, una inteligencia limitada e inculta.

W. SHAKESPEARE

Hace unos años, en Argentina, en el transcurso de una entrevista de prensa sobre terapia, ayuda y relaciones humanas, me dijeron que debía de sentir una gran compasión por el sufrimiento humano. De manera insospechada, me encontré respondiendo que no, que el sufrimiento no me inspiraba compasión, lo que le causó tanto desconcierto al entrevistador como a mí mismo. Enseguida puntualicé que aquello que me suscita compasión es el dolor genuino que todos padecemos ante hechos acaecidos en ciertos momentos de nuestras vidas; sin embargo, no me conmueve el sufrimiento autoalimentado y manipulativo que edificamos como una defensa en torno a lo que en su momento fue doloroso o difícil. Un ejemplo de ello: hace un tiempo, una mujer me contó que era infeliz porque cuando tenía catorce años sus padres la habían ingresado en un internado para estudiar, algo que para ella había sido devastador. No había vivido abusos ni nada parecido, pero se sentía muy desgraciada por este hecho... ¡y ya tenía cuarenta años! En realidad, había convertido su vivencia en parte del argumentario de su identidad de víctima. ¡Ay de las identidades que tomamos por verdaderas y esenciales en lugar de adoptarlas como meramente funcionales y efímeras!

En nuestra vida emocional, el dolor es un movimiento asociado a la contrariedad o la pérdida, a alguno de nuestros asuntos universales afectivos o existenciales, que dura un tiempo, que va y que viene hasta que cesa. No es agradable, todos quisiéramos evitarlo, y cuando nos visita decimos que nos hace sufrir. El sufrimiento, en cambio, es otra cosa. Es un estado, una respuesta, una complicación asociada y mantenida por nuestros personajes internos, que tratan de zafarse del dolor y de encontrar excusas para defenderse que luego se cronifican. El sufrimiento tiende a ser estático, a petrificarse dentro de nosotros. Toma la forma de ansiedad, pena, duda, agitación, turbulencia, enojo constante o ira, indecisión, orgullo, engreimiento, dureza, depresión y muchas otras gamas vivenciales emocionales. Suele cristalizar en lo que llamamos carácter o personalidad. Y no solo es evitable, sino que conviene evitarlo si queremos discurrir por la vida con entrega, serenidad y plenitud. Es decir, con más vida.

Por tanto, hay que distinguir muy bien entre el dolor que viene de lo adverso, de lo severo, de lo que lastima y hace zozobrar a un mamífero, y el sufrimiento producto de la cadena de montajes emocionales y mentales que desarrollamos para procurarnos una posición de padecimiento. Este, como dije en la citada entrevista, no me despierta compasión; a lo sumo, lo acepto y trato de comprenderlo, aunque más a menudo, en contextos terapéuticos, me genera un deseo consciente de que pueda ser reconocido y transformado, incluso de confrontarlo si es necesario. Pues en estos casos no ayuda la lástima ni el buenismo (que no es bondad ni benevolencia), sino la sinceridad en acción y el deseo genuino de acompañar a una persona hacia sí misma y hacia su verdad. La verdad nos hace libres; en cambio, una posición de sufrimiento, como veremos, hace padecer a los demás y a uno mismo, porque impide fluir libre y abiertamente con el juego de la vida.

Como digo, siento una natural compasión hacia un dolor real, pero experimento tensión y carga ante posiciones sufridoras como el victimismo, el envanecimiento, el resentimiento, la belicosidad, el perfeccionismo, la envidia o tantas otras. El sufrimiento siempre exige algo de los demás: es manipulativo, y por eso me tensa y debilita. El genuino dolor despierta en mí una sana y casi biológica actitud empática y de acompañamiento (como, según creo, les ocurre a todas las personas que mantienen una cierta conexión con su instinto natural); las posiciones de sufrimiento, en cambio, me provocan alerta, atención y vigilancia para mantenerme en mi centro. Si me doy cuenta, evito participar en los embrollos y obligaciones que imponen. Me refiero a contextos no terapéuticos. Pero, ya dentro de ellos, a ratos experimento la tentación no tanto de preguntar «¿dónde te duele la vida?», sino «¿dónde le dueles tú a la vida?». O incluso, yendo más allá en la búsqueda de una mayor madurez y responsabilidad, «¿dónde le dejas de hacer bien a la vida?». Porque no basta con desenmascarar el daño que hacemos desde el personaje sufriente, sino que también necesitamos despertar la conciencia del bien que dejamos de hacer, la comprensión clara de lo que escatimamos a los demás y del potencial propio que dejamos de desarrollar.

La principal diferencia entre dolor y sufrimiento es que el primero tiene movimiento y contiene vida, y el segundo es posicional, defensivo y, como todo lo que se paraliza, conlleva energía de muerte. Dolor es aquello que sentimos cuando la vida, en su devenir imparable, nos sumerge en trances difíciles o indeseados. Sufrimiento, en cambio, es lo que hacemos para evitar bañarnos en ese dolor, tome la forma que tome, en lugar de abrirnos a él, como si quisiéramos de alguna manera que nuestra voluntad se impusiera a la voluntad de la vida. En un sentido profundo, el sufrimiento es negación o desconexión con la realidad, mientras que el dolor, aunque duela, sigue siendo canto y apertura a la vida, aceptación de lo que es, de lo que trae, de las vivencias y sentimientos que salen a nuestro encuentro a cada momento. En suma, inmersión audaz en lo real. Por eso, el primer paso para abandonar el sufrimiento es abrazar el dolor con toda su gama de matices y hacerle espacio en nuestro interior. Abrirle nuestro corazón y acogerlo. Porque abrir el corazón es en sí mismo curativo. Y hacerlo con el dolor expresa la grandeza del ser humano.

Este libro contiene una conjetura o proposición que a muchos podría parecerles un atrevimiento: dejar de sufrir es posible, o al menos lo es gobernar el sufrimiento con más sabiduría, si abordamos los grandes problemas, preguntas, reveses y tránsitos de la vida desde una audaz perspectiva psicoespiritual y, sobre todo, en último término, espiritual, trascendente o, si se prefiere, existencial. Pues cuando se trabaja en asuntos que rozan la frontera de lo máximo, como por ejemplo la muerte, la sexualidad, la violencia y el amor, no basta lo psicológico, entendido como un conjunto de estratagemas para manipular nuestra mente, nuestro cuerpo y nuestras emociones. Hay momentos en que se requiere de una apertura hacia una dimensión filosófica y existencial más vasta y abarcadora: la dimensión del espíritu, o la intuición de un algo mayor que nos dirige y nos sostiene.

Cuando enfrentamos pérdidas significativas, muertes súbitas o violentas, torturas o crueldades, traumas, abusos sexuales, exilios, desamores, traiciones, llamados internos disruptivos o desarreglos familiares graves, es útil cultivar y hacer crecer en nuestro interior una mirada más amplia y sabia, un centro interno tan esencial como seguro y una actitud vital de entrega. Seguramente sea inevitable que todos lleguemos en algún momento a experimentar la sabiduría de la rendición, que asumamos el «hágase tu voluntad», «y no la mía», que ello conlleva. A la humildad, al empequeñecimiento del yo, va asociada la grandeza del ser, y la sumisión y la reverencia ante el misterio nos revelan, precisamente, algo de su luz. Las tradiciones de sabiduría, así como el núcleo vivo esotérico de las grandes religiones, otorgan un lugar central a esta idea. La misma palabra *islam*, por ejemplo, significa «sumisión». También encontramos una mirada equivalente en muchos poetas, sabios y místicos. Como Nisargadatta, místico hindú de la vía advaita:

Cuando miras en tu interior y encuentras que eres nada, esto es sabiduría.

Y luego sigue:

Y cuando miras afuera y encuentras que lo eres todo, esto es amor.

San Juan de la Cruz, en unos versos de su *Cántico espiritual*, lo expresa de esta manera:

Descubre tu presencia
y máteme tu vista y hermosura;
mira que la dolencia
de amor que no se cura
sino con la presencia y la figura.

Me pregunto si habrá dolencias que no sean de amor, al menos en su origen y trasfondo. ¿Y existe algún antídoto para ellas? Hay una virtud que conviene desarrollar para encarar los asuntos que verdaderamente importan en la vida: la capacidad para estar presentes, entendiendo aquí *presencia* como un sabor o aroma de nuestro ser genuino, un anclaje a nuestra naturaleza divina o consciente, a nuestro corazón no contaminado como un espejo nítido. Se trata de estar presentes para que nuestra máquina de pensar y el flujo de nuestras cambiantes emociones, así como las identidades y los personajes internos que desarrollamos para sustentarlas, se conviertan en huéspedes que viven en la casa del señor, y no en el señor mismo, como suele ocurrir. Pues a menudo confundimos a los invitados con el anfitrión, que no es sino la conciencia misma, hospitalaria y generosa, que nada rechaza y que todo acoge.

Ojalá que este libro sirva, en la medida de lo posible, para reconocer esa conciencia, esa presencia, y experimentarla. Ojalá seamos cada vez más el anfitrión y acojamos el dolor como un invitado de honor cuando indeseadamente nos visita, sea cual sea la forma que tome. Ojalá seamos más capaces de resquebrajar la muralla del ego cuando enmascara el dolor (y con ello al amor, su hermano siamés) y sustenta el sufrimiento, siempre envuelto en astutos argumentos.

LA FÓRMULA PARA SUFRIR

> Porque no hay nada malo ni bueno si el pensamiento no lo hace tal.
>
> W. SHAKESPEARE

Sufrir, por tanto, no es tan fácil como parece. Quiero decir con ello que, para sufrir, tenemos que poner de nuestra parte, llevar a cabo el esfuerzo de resistirnos y luchar contra *lo que es*, o ha sido, o está siendo ahora: algo ocurre y no lo quiero, algo no ocurre y lo quiero, algo siento y no quiero sentirlo y lo reprimo, o algo no siento y quisiera sentirlo y me decepciono o hago como si lo sintiera. En definitiva, nos oponemos a lo que está ocurriendo aquí y ahora, ya sea en nuestro interior (sentimientos, pensamientos, estados emocionales, sensaciones físicas) o en nuestro entorno (en el trabajo, en la pareja, en la relación con nuestros hijos, etcétera). En realidad, el que se opone es una parte o una subidentidad de lo que llamamos yo con la cual nos sentimos identificados: uno de los rostros de ese que muchos llaman «el pequeño ego con todos sus brazos», como una fórmula para distinguirlo del ser genuino, amplio y nítido cual espacio vacío. Por eso, algunas tradiciones afirman que el problema de fondo es creer que somos eso: este pequeño yo.

Veámoslo con ejemplos. Que te duela una pierna es un hecho que experimentas de manera desagradable, y puede ser una dificultad, pero no es un problema. El problema aparece cuando te dedicas a lamentarte (una subidentidad interior, quizá el quejoso) en lugar de ocuparte para que deje de dolerte. Si te abandona tu pareja o pierdes todo tu dinero en la bolsa, seguro que te dolerá o desazonará o enfadará, pero tampoco es un problema: solo es un hecho, una realidad más, y los hechos en sí mismos son neutros. El problema es no querer pasar por el proceso de aceptar y gestionar lo que nos trae la vida y no abrirnos al tobogán emocional que requiera: darle la bienvenida al dolor, la alegría, la culpa, la impotencia, la tristeza, la belleza, la desesperación o lo que sea que nos inunde.

Todos sufrimos inconvenientes, adversidades, dificultades, contratiempos, incluso desgracias, en diferente grado e intensidad. Experimentamos el dolor de la frustración, de lo inconfortable, de la pérdida. Este dolor forma parte del paisaje de la vida y requiere nuestra adhesión para que no se convierta en sufrimiento, para no investir meras realidades con el traje y la categoría de problemas crónicos. *Adhesión* significa aceptación; más aún: *asentimiento*. Normalmente, ese asentimiento no es inmediato: lleva un tiempo, pero conviene llegar a él, generalmente después de un arduo proceso emocional en el que ayuda mucho tener buenas relaciones y una rica red humana de apoyo, sostén y contención. El sufrimiento, por el contrario, es una elaboración defensiva de nuestra mente y nuestro cuerpo, una presuposición fallida sobre lo que tenía que haber sido y no fue. Una negación, o incluso una agresión a la realidad.

Si tuviéramos que decir, en muy pocas palabras, en qué consiste la sabiduría, podríamos responder justamente así: es la práctica de la adhesión a lo que la vida nos trae a cada momento en forma de acontecimientos externos o vivencias y sentimientos internos, tomados con una actitud y un espíritu que sortea los rechazos de la mente y lo abraza todo. ¿Cuándo? Ahora. ¿Dónde? Aquí. Viene la confusión y la abrazamos. Llega la claridad y la abrazamos. El recuerdo de algo antiguo que pasó y nos hizo bien o nos humilló lo abrazamos también. Y llegan la tristeza, la alegría, la ternura, el miedo, el enojo, este o aquel pensamiento, la envidia, la venganza, la duda, un plan de acción... La muerte de un amigo querido, un aborto, el abuelo fusilado en la guerra, una injusticia. Lo abrazamos todo: lo agradable y lo desagradable, e incluso abrazamos la idea en sí misma de que algo es desagradable. En la realidad no hay «bueno» ni «malo», «positivo» o «negativo», «correcto» o «incorrecto». Esto son únicamente creaciones y categorías de la mente y de la racionalidad que evalúan reacciones físicas y emocionales. Pero en la realidad solo «hay», sin predicados, sin distinciones. La realidad es neutra y, en ella, todo es experiencia. La realidad «es». Y «es» aconceptual. O, como dice un aforismo budista: «Este mundo, con todos los horrores, oscuridad y brutalidad, es el mundo del loto dorado».

Los seres humanos somos una fiesta sagrada, un carrusel lleno de formas y colores, vivencias y experiencias en movimiento constante, como Shiva, el danzarín cósmico que representa el movimiento rítmico de todo el cosmos. Somos, a la vez, la fiesta y los festejadores. El festejador ama porque es su don. Lo ama todo. Y todo lo ilumina. Es la conciencia. Estamos más sanos y somos más plenos cuantas menos sombras nos restan por iluminar, cuantas menos cavernas internas quedan por reconocer o por visitar, cuantas menos escisiones nos vemos impelidos a sostener, cuando ocupamos la casa entera que somos, cuando integramos lo que pudo ser devastador en el pasado y cuando hacemos sitio a los sentimientos que nos resultan difíciles. Y más somos cuando más enteros estamos. Y el camino hacia esta entereza consiste en asentir y en incluir. La meditación y algunas formas de terapia coinciden en el propósito de reposeerse a uno mismo, tomar todo lo que hay, abriendo y ventilando habitaciones a medida que van apareciendo ante el ojo de la presencia.

Adhesión a la realidad no significa resignación ni pasividad o fatalismo, como algunas personas suelen malinterpretar. Todo lo contrario. Esta adhesión es más bien algo heroico. Todos experimentamos el deseo de intervenir en la realidad para que se acerque a nuestros deseos, objetivos y valores, y eso es legítimo y conduce a la acción. Preparamos cada día la nave en la que nos embarcamos hacia las ignotas tierras que deseamos conocer y, quizá, habitar. En ello estamos, o deberíamos estar, cada día con plena energía y fervor. Pero la realidad que ya se manifestó debe ser aceptada, por difícil que sea. Aunque el proceso resulte emocionalmente titánico, es la única forma razonable y sana de seguir con fuerza en el presente y orientarnos al futuro. Tal vez, por ejemplo, uno deseó con ardor llegar a la desconocida tierra de la maternidad, pero eso nunca ocurrió. Convendrá entonces dirigir nuestra energía hacia nuevos horizontes de realización, en lugar de hacer pivotar la vida alrededor del reconcomio ante la frustración. Siempre, siempre, siempre se tratará de encontrar la luz de la sombra y, alumbrados por ese tenue brillo que se filtra en la oscuridad, caminar hacia el objetivo de hacernos discípulos de la realidad.

Por otro lado, como decía el legendario psiquiatra y terapeuta Milton Erickson: «Nunca es tarde para tener una infancia feliz», que es lo mismo que decir «nunca es tarde para cambiar nuestra manera de relacionarnos con el pasado». Aunque no es fácil, se logra aceptando lo que sucedió en aquellos años primordiales y resignificándolo en positivo, es decir, dándole un sentido útil y favorecedor, de manera que abra puertas y ventanas a la buena vida, en lugar de causarnos ataduras y repeticiones de viejas heridas, destinos o esquemas. Si sufriste palizas de tus padres, evita construir una identidad de víctima o de agresor, a tu vez, y resístete a repetirlo con tus hijos. Aprende a resignificarlo: no olvides que pudiste, que aprendiste, que supiste defenderte, que lidiaste con el dolor, que llegaste hasta donde estás. Tal vez incluso puedas encontrar en cada golpe sufrido el gran dolor del corazón de tus padres, perdidos ellos mismos en su desamor y sus heridas.

Para sufrir, como veremos luego en detalle, se requiere la presencia de un personaje —una identidad de víctima, de agresor o de lo que sea— y una voz dentro de nosotros que arremeta contra la realidad tal cual es, sosteniendo que «debería ser de otra manera», que «debería haber sido de otro modo». A continuación, hace falta creerse a ese personaje, que siempre puede aportar sólidos y arrebatadores análisis y argumentos para convencernos. El paso final será la inevitable autotortura, fundada en estas disquisiciones que parecen tan bien formadas y razonadas, ¡y ya tenemos el sufrimiento servido! Por eso se suele decir que el sufrimiento viene aliñado con buenas razones.

Todo sufrimiento empieza con un «debería», «tendría», «podría haber sido»..., verbos, en todo caso, de lucha y oposición contra la realidad. Por eso conviene estar afinado para afrontar la dialéctica entre lo que es y lo que creemos que debería ser o haber sido. Entre la voluntad y el destino. Una dialéctica que consiste en contrastar los «debería», «tendría que» o «creía que» con los «quiero», «siento» y «soy». Es una invitación a sobrepasar nuestras ilusiones e ideologías sobre la realidad de cada momento; a cuestionar nuestras falsedades y artificios; a pasar de ser personas ideales a personas reales, esto es, perfectamente imperfectas. A tomar responsabilidad y fuerza propia. Este, y no otro, es el sentido del «superhombre» de Nietzsche, profeta del santo sí a la vida, capaz de marcar su paso más allá de la esclavitud y el aborregamiento del autocontrol y de las «ideologías». Alguien, dice el filósofo, para quien «es preciso que albergue todavía el caos dentro de sí para poder dar a luz una estrella que danza». Bella meta: darnos a luz como estrellas danzantes.

Por tanto, en resumen, sufrir no es fácil. Sin embargo, se nos da muy bien. La mayoría tenemos un talento extraordinario para sufrir y generar sufrimiento. Como a veces digo en broma a algunas personas: «Se te nota un gran talento para el victimismo» (o para el perfeccionismo o la envidia o la seducción, etcétera). Se nos da muy bien crear identidades sufrientes. A menudo son personajes que en su momento nos ayudaron a soportar lo difícil, pero que luego nos tiranizan, obligándonos a mirar la realidad con sus antiguos puntos de vista, siempre repletos de argumentos que parecen juiciosos, siempre queriendo tener razón. Pero ¿qué es mejor, tener razón o estar bien (y tener amigos)?

LA RESISTENCIA AL CAMBIO Y LA DESLEALTAD DICHOSA

Pensamientos que vienen con pies de paloma son los que cambian el mundo.

F. NIETZSCHE

Quedamos enredados en los destinos de personas que en nuestra familia se perdieron porque fueron olvidados o excluidos de ella.

BERT HELLINGER

Si alguien persiste en el mismo error una y otra vez, tal vez haya que pensar que es responsabilidad o culpa suya, o incluso que ese es su talento y predisposición. Como terapeuta, me encuentro sistemáticamente con que las personas que enfrentan un indeseado asunto importante en su vida suelen querer cambiar, desean que algo sea distinto, o bien quieren engendrar y tener a mano una actitud diferente, pero con un ruego muy clamoroso: ¡no tener que cambiar nada! Es decir, no tener que abandonar viejas posiciones con las que se identifican (o sea, que sienten como una «identidad»). Y, si es posible, con dos condiciones más: que su punto de vista (o sea, el de la identidad o posición) se proclame victorioso (lo cual es bastante incompatible con que haya transformaciones) y que la ayuda llegue por el camino que pensamos (de nuevo, la posición o identidad) que tiene que llegar. Por ejemplo: «Me pondré bien y fuerte cuando mis padres me quieran». O: «Estaré en paz cuando mi expareja asuma que me lastimó al dejarme». En general, sin embargo, funciona mejor al revés. Cuando quieras a tus padres, con lo que pudo ser y lo que no, entonces te pondrás bien y te sentirás más sólido y amoroso. Cuando entiendas qué pusiste tal vez de tu parte para que tu pareja te dejara y asumas tu responsabilidad y sueltes, estarás en paz, o bien cuando entiendas que hay cosas que suceden por caprichosos azares, sin más, o que hay personas que hacen cosas, incluida tu expareja —no que *nos* hacen cosas.

Bert Hellinger, el padre de las constelaciones familiares, tiene una frase un tanto críptica: «Sufrir es más fácil que actuar». Cuesta de comprender porque suena fuera de la lógica, y parecería que no tenga que ser así. Pero los terapeutas lo vemos todo el tiempo. A menudo, las personas permanecemos en el sufrimiento sin intentar generar alternativas, sin actuar, sin salirnos de nuestros estrechos perímetros mentales y emocionales, sin caminar hacia aquello (sea un punto de vista, una actitud o un comportamiento) que nos dejaría libres y serenos, en movimiento hacia lo que necesitamos, hacia lo que nos hace bien, hacia una mayor alegría.

Algunos abordajes psicológicos terapéuticos —en mi opinión, la mayoría— desconocen el ser y buscan el fortalecimiento del ego, de sus defensas y de sus personajes. Otros, en cambio, entienden el valor de su progresiva disolución; y unos pocos contemplan ambas vías, es decir, fortalecer el ego cuando es útil y necesario hacerlo y acompañar su disolución cuando la vida lo exige, o lo regala, generalmente a través de la adversidad y el dolor. Nada resulta más catastrófico para el ego que el incumplimiento de sus premisas y expectativas; aunque, al mismo tiempo, eso es justo lo que necesita, a veces desesperadamente, para dejar de comportarse como nuestro particular tirano interior. En cuántas ocasiones habré escuchado el ansioso reclamo de querer ser el de antes cuando alguien ha sido azotado por la caída de algún *statu quo* que actuaba como pilar en su vida. ¡Quiero tener la seguridad que tenía! ¡Quiero que volvamos a ser la familia que éramos antes de la separación! ¡No quiero sentir esta tristeza que se abre camino imparablemente dentro de mí como un torrente que me devuelve a la tremenda soledad de mi infancia! Por fortuna, con el tiempo y el trabajo sobre uno mismo, la gente muda de perspectiva y comprende que aprendió a soltar viejos atuendos, y entonces, con un poco más de suerte aún, su corazón se vuelve más amable.

Una herida no es gran cosa, excepto si nos empeñamos en convertirla, de manera más o menos consciente, en el centro de nuestra vida. Quizá por ello, sufrir es más fácil que actuar: porque actuar implica a menudo sentirnos desleales a nuestras heridas y tener que afrontar la realidad. Mientras sufrimos, o jugamos a sufrir, nos mantenemos más cercanos, pertenecientes y leales. ¿A quién? Tal vez a nuestras tramas familiares hirientes o a nuestros seres queridos. Esa lealtad es la que dificulta el cambio y, en última instancia, la desaparición de la congoja. Nos decimos consciente o inconscientemente, por ejemplo: «Mamá, yo tampoco me permito una buena relación de pareja, como tú. Sigo guerreando en nombre tuyo y de las mujeres». O bien: «Me mantengo leal a mis heridas infantiles y hago pivotar mi vida alrededor de ellas, y de este modo sigo diciendo a mis padres que tenían razón en lo que me hicieron y me hizo sufrir; esta es mi venganza». Y en torno a tramas como estas se edifican nuestras identidades, que en su conjunto fraguan el ego.

A veces experimentamos, de manera más o menos consciente, que en el marco de nuestro grupo familiar luchamos entre lealtades que conducen a la desdicha y deslealtades que conducen a la felicidad. Y muchas veces enfilamos la senda de las primeras, pues, aunque resultan dolorosas, nos lo parecen menos que sentirnos desleales al sistema familiar, aunque sea a nivel inconsciente y ciego. Sin embargo, honrar a los padres, por ejemplo, significa tener una buena y —si se puede— larga vida sobre la tierra, no quedarse pegados a ellos a través del propio sacrificio.

Hoy en día, la mayoría de las corrientes psicológicas concuerdan en que el instinto humano más fuerte es el gregario (que proviene de *grey*, grupo o rebaño): la pulsión de formar parte es incluso más fuerte que el instinto sexual, en contra de lo que sostenía Freud. Justamente para sentir que pertenecemos, que formamos parte, nos mantenemos anclados a lealtades que entorpecen nuestras vidas. A veces, estas lealtades se expresan de maneras extremadamente sutiles, difíciles de detectar incluso para las mentes mejor entrenadas, y aún más difíciles de ser cuestionadas por los propios perjudicados. Por ejemplo, la lealtad al padre que tomó una posición autoritaria ante la madre y que hace que un hijo varón, sin darse cuenta, se deslice más tarde, en la edad adulta, hacia ese mismo autoritarismo con su esposa. En lugar de respetar lo que le tocó vivir y le dolió del padre y de la madre, repite el guion paterno. La consecuencia es que tanto su esposa como él viven la desdicha que vivieron sus padres. Lo mismo podemos observar en el caso del hermano que limita su desarrollo en la vida por lealtad a otro hermano con algún impedimento por enfermedad o discapacidad, como si se dijera: «Ya que tú no puedes desarrollarte mucho, yo tampoco lo haré, y me constreñiré en mis posibilidades». Pueden darse casos similares de lealtades invisibles hacia el hermano que murió de niño o hacia otras pérdidas en el núcleo del alma familiar.

A menudo he contado en mis talleres terapéuticos que un sistema familiar es como un palacio con miles de habitaciones. Algunas tienen las puertas abiertas y podemos entrar en ellas. Están ventiladas y se respira un aire sano. La habitación de la madre, la del abuelo, la habitación de la alegría, del aburrimiento, del duelo, del recuerdo por aquel niño que no llegó a nacer, del suicidio de un tío, etcétera. Pero otras están cerradas, cargadas, en penumbra, y con un cartel colgado en la puerta que reza: «Aquí es mejor no entrar ni mirar». ¿Por qué está puesto ese cartel? La razón es muy sencilla: el sistema familiar sufrió hechos de vida que consideró indignos e hirientes, ya sea un asesinato, una infidelidad, un aborto, una muerte trágica, traumas de guerra... o experiencias que consideró vergonzosas, como una ruina causada por el juego o adicciones a sustancias o al alcohol... A veces, es tan difícil integrar el dolor y la realidad que acarrearon tales vivencias que se gestionan cerrando esa puerta, como diciendo: «Mejor que no miremos ahí adentro ni a las personas concernidas, porque lo que veremos puede devastarnos». De este modo, en el intento de ganar protección, se excluyen del corazón a ciertas personas o hechos.

Algunos padres y abuelos tratan de proteger a los posteriores escondiendo las vergüenzas y humillaciones que sufrieron. Por ejemplo, muchas víctimas judías que sobrevivieron al Holocausto, arrasadas internamente por el trauma que vivieron, no pudieron sino cerrar física y mentalmente esa puerta. Además de sufrir el trauma enquistado en silencio, que puede incluso paralizar el habla, también pretendían proteger a sus descendientes callando el horror que habían padecido. Su deseo íntimo era pasar página, aferrarse al futuro. Sin embargo, los descendientes percibían igualmente estos horrores y, de algún modo, sentían una sombra de inquietud y borrasca, una pátina de temor, algo que no estaba bien, que era amenazante o que estaba fuera de lugar, invisible, no dicho, en el sistema familiar. Y no tenían la oportunidad de explorar aquella habitación para llorarla y cultivar una compasión respetuosa y reparadora de la herida. Esto equivale a, involuntariamente, echar sal en las heridas abiertas del sistema y a alimentar tormentos y conductas destructivas que hacen sinapsis de lealtad con los destinos terribles de la violencia sufrida por los anteriores. Lo cual significa que lo no integrado conserva una influencia sobre los posteriores inocentes, que viven y duermen junto a estos fantasmas ocultos, llenos de energía de víctima o de victimario.

Si sucumbimos a las prohibiciones y al mandato de carteles como «No mires aquí» y no aireamos con amor y respeto las habitaciones prohibidas (a través de un proceso terapéutico, por ejemplo), nos mantenemos en lealtad, es cierto, pero muy probablemente en una lealtad de consecuencias desventuradas y sombrías. Tal vez incluso lleguemos a repetir aquellos destinos de los que justamente el sistema familiar trató de escapar. Sin darnos cuenta, quizá asumiremos un guion de hombre alcohólico y mujeriego, como el abuelo al que nadie tiene ya el derecho a nombrar. Con ello, nos sentiremos cómodamente atados a las tramas y exigencias de nuestra red de afectos, pero nos faltará el viento fresco de la libertad para ir más allá de estas pegajosas telas. Si decidimos airear las habitaciones, quizá sentiremos incomodidad, culpa, malestar o tensión, y puede que incluso generemos un movimiento de cambio en nuestro actual sistema familiar, que necesitará buscar nuevas formas de equilibrio; no obstante, nos situaremos así en un camino de completitud, de mirar sin miedo e integrar lo que sucedió. *Airear* puede consistir en un sencillo gesto de respeto y reconocimiento, sin más. Al abrir la puerta, tal vez nos sentiremos desleales al sistema, pero nos sentiremos también liberados de ataduras y más capaces de mirar al futuro con fuerza. Podría decirse que, al adoptar esta actitud exploratoria del trauma familiar, cometemos una *deslealtad buena y dichosa*, pues amamos mejor a nuestra madre o a nuestro padre, o a todos nuestros anteriores, cuando no repetimos su destino, y nos sentimos libres por fin para volar hacia nuestra propia y genuina vida. Cuanto más alto tomemos vuelo, más honraremos nuestras raíces. Mejor nos irán las cosas y más colores tendrá la vida.

Dicho así, parece fácil, pero no lo es. Nuestro instinto gregario es fuerte y no facilita nuestra evolución. Conviene recordar que, a menudo, preferimos el sufrimiento de pertenecer a la culpa de liberarnos. El gregarismo es un asunto biológico inevitable que nos corresponde como mamíferos. Pero si en ciertos momentos no logramos elevarnos por encima de la pasión gregaria, esta se convierte en nuestra cárcel invisible. Se sabe que los traumas no son solo personales, sino que mantienen su influencia en las personas durante varias generaciones. Hechos vividos por abuelos y abuelas influyen en la vida de sus nietos. Así lo ha demostrado la epigenética, una ciencia que estudia la expresión de los genes a partir de la interacción entre influencias del medio ambiente (experiencias vividas, en especial las de alto impacto emocional) y lo genético, cuyos experimentos con animales arrojan resultados en este sentido que, en algunos casos, pueden extrapolarse al plano humano. Para lograr evidencias científicas que demuestren la persistencia del trauma a través de distintas generaciones se necesita tiempo: el estudio de un determinado impacto traumático en varias generaciones puede llevar décadas. Sin embargo, la epigenética ha estudiado con atención los efectos de las guerras y las hambrunas, y cómo los modos alimentarios de nuestros anteriores, los tiempos de vacas flacas o vacas gordas, los trastornos del apego, los traumas, las muertes y todo tipo de experiencias de intenso dolor extienden su influencia, para bien o para mal, durante generaciones, a través de huellas en marcadores genéticos y celulares de los descendientes de quienes los sufrieron.

Liberarse de tantos condicionantes, como podemos ver, no es fácil. A veces, también conlleva la necesidad de superar una suerte de culpa biológica que requiere de una plena diferenciación organísmica respecto del grupo, de manera que el individuo pueda entonar un principio tan elemental como el gestáltico «yo soy yo y tú eres tú», o, dicho de otra manera, «yo soy yo y el grupo es el grupo, y sigo formando parte de él a través de mi desarrollo, pero no de mi sacrificio». Cuando todas las estancias de ese palacio que es una familia, o incluso una sola persona, pueden ser visitadas, reconocidas y habitadas, tanto el sistema familiar como los seres individuales que lo componen se experimentan más plenos y libres.

Una vez que tomamos conciencia de esta situación, siempre hay personas que se resisten al cambio, no tanto a causa de lealtades desdichadas a las que no se logra hacer frente, sino por una simple y llana resistencia a madurar, propia de quienes cultivan la convicción de que la vida no tendría que incluir heridas ni ser problemática, ni difícil ni dolorosa. Hay quienes viven pegados a sus juveniles fantasías idílicas, en una actitud estúpida que contraviene la obviedad: crecer, en algún momento, significará experimentar dolor. La sabiduría no crece cuando parcelamos la vida y queremos tomar únicamente las copas del goce o las golosinas que nos ofrece. En la vida hay cosas que nos hieren, y es preciso asumirlo. Y no importa tanto la herida como la actitud que desarrollamos ante ella.

En los siguientes capítulos abordaremos esas heridas y las actitudes problemáticas asociadas a ellas. No para recrearnos en el círculo vicioso del malestar, sino como una invitación a abrir los ojos, a desenmascararlas y, en última instancia, a festejar la vida. Si los personajes e identidades que hemos creado no nos dejan hacerlo, ejerzamos al menos el privilegio de no tomárnoslos demasiado a pecho, desposeyéndolos de su habitual gravedad y seriedad. En lugar de hacerles tanto caso, tratemos de sentir un silencio vibrante en el centro de nuestro pecho. Ahí vive el festejador, el ser esencial que no se opone a nada y que se adhiere a *lo que es*. ¿Cuándo? Ahora. ¿Cómo? Amando.

MIRAR LA REALIDAD DE FRENTE

Para la divinidad todo es bello, bueno y justo; son los hombres quienes perciben unas cosas como justas y otras como injustas.

HERÁCLITO

Insisto: la realidad es neutra. O, por decirlo de una manera más radical, aproblemática, y además aconceptual. Las cosas nos resultan problemáticas porque les imprimimos un sesgo conceptual, un punto de vista, y las percibimos desde un margen emocional. Si tuviéramos la capacidad de mantenernos en la no discursiva neutralidad amorosa, en un espejo o conciencia ecuánime, simplemente seríamos discípulos de la realidad.

No quiero resultar frívolo ni displicente. Sé perfectamente que, desde la perspectiva de la bondad y de la ética humana, tan necesarias, hay cosas completamente injustificables e injustas (y no seré yo quien las justifique, ni de lejos), en especial la violencia que impera en el mundo. O la guerra que, empapada en devociones ciegas y justificada por amores mal gestionados, se libra a diario en el seno de las familias: una danza mal acompasada de la que, como terapeuta, soy testigo casi todos los días. Pero, desde la perspectiva de la realidad, lo adverso y devastador no es distinto del baile alegre, o del trabajo o del respeto o del cuidado recíproco de los unos hacia los otros.

Podemos pensar o sentir la realidad como dura o adversa, pero esto no la invalida ni la hace diferente de como es. Por ejemplo, que se acabe tu relación de pareja o que te rompas una pierna son hechos; considerar estos hechos como una suerte o una desgracia es solo un pensamiento. Siempre estamos navegando en esta dialéctica: la realidad tal como decide ser frente a las perspectivas que le imprimimos. Y toda perspectiva burlesca con los hechos que intente excluir algo o a alguien desemboca en más problemas. Por eso, toda convicción de atesorar la verdad moral agrede a la realidad, al pretender elevarnos por encima de ella. No hay pecado más extremo ni que ocupe la sima más profunda de los infiernos dantescos que la orgullosa pretensión de ser dioses, o jueces. La mejor perspectiva de las cosas es la que incluye y asume la realidad tal como fue y abre caminos de acción y de vida, no la que se desgasta gritando proclamas moralistas.

La duda shakespeariana se planteaba en estos términos: «Ser o no ser: he aquí la cuestión. ¿Qué es más elevado para el espíritu, sufrir los golpes y dardos de la insultante Fortuna o tomar las armas contra un piélago de calamidades y, haciéndoles frente, acabar con ellas?». La propuesta que planteo es clara: hacerles frente. Y esto significa mirar la realidad de frente, a la cara, e integrarla. Y generar, a partir de ahí, una perspectiva que abra caminos. Si queremos evitar el «piélago de calamidades» que puedan infligir los golpes del azar, nuestras armas principales serán la fortaleza, la verdad y la fluidez emocional, que nos conducirán al asentimiento interior hacia lo que sucedió; durante ese proceso, podremos emprender las acciones adecuadas y necesarias respecto a ello.

Tratemos pues de no burlar o sortear la realidad a través del florido repertorio de mecanismos de defensa que han descrito las distintas escuelas psicológicas y terapéuticas. Sabemos negar, fantasear, disfrazar, esquivar, proyectar, disociar, escindir, reprimir, anestesiar, tragar, hiperreaccionar, engañar, huir, congelar, desplazar, racionalizar o intelectualizar, desviar, introyectar, etcétera. Todo ello al servicio de amortiguar lo que nos duele, humilla o devasta. Un «¡Hurra!», pues, por nuestra indudable capacidad para defendernos y por el hecho de que todo ser humano, o todo ser vivo, procure perseverarse en su integridad y en su dignidad en todo momento y por todos los medios a su alcance. Sin embargo, no deberíamos alegrarnos, precisamente, por nuestro también indudable talento para permanecer en la fortificación cuando los peligros ya cesaron. Esto nos perjudica —recordemos la epigenética y la persistencia del trauma—. Al mirar la realidad de frente cuidamos, por añadidura, de nuestros posteriores. Al unir y reconciliar en nuestra alma lo que fue terrible y lesivo, dibujamos un futuro más libre.

Las dificultades y el dolor van a aparecer en algún momento, es algo inevitable, y la principal herramienta que tenemos las personas para afrontarlos es nuestra capacidad de sostener las dificultades (y el dolor que viene con ellas) sin irnos a pique. Se llama *resiliencia*, término extrapolado de la física que refiere la capacidad de los materiales para regresar a su forma original después de haber sido deformados, y que Boris Cyrulnik, psiquiatra francés de origen judío, lanzó a su exitosa circulación dentro de los territorios de la psicología profesional y popular. Todos padecemos dolor cuando hay pérdidas, traumas o contratiempos graves. Podemos hacer el tránsito del dolor, con todo el proceso emocional y espiritual que comporta, y seguir adelante, o encerrarnos en nuestras diatribas y defensas internas y perpetuarlas. Es cierto que el dolor tiene mala prensa, que desagrada, pero es un gran recurso sumergirse en él: tiene la potencialidad de llevarnos de la orilla de la devastación a la de la transformación, donde, con suerte, llegaremos un poco más sabios.

Como vengo diciendo, no es lo mismo una vivencia difícil por la que estemos atravesando que un problema. Uno puede estar deambulando a través de un laberinto oscuro y entregarse a experimentarlo con todos los recursos disponibles a su alcance, pues eso también es vida. Algo se convierte en problema cuando nos quedamos atascados en nuestra resistencia a vivir lo que fuere que nos toque en el reparto azaroso de la volátil fortuna. Un problema es un fracaso en el arte de transitar un reto o dificultad. A menudo ocurre incluso con vivencias sencillas o con pequeños sentimientos de nuestro mundo interno. Por ejemplo, viene alguien y te dice: «Lo que me pasa es que estoy muy enojado». ¿Y cuál es su problema? Hasta donde yo sé, estar enojado no es un problema. «¡Pero es que estoy muy triste!» Ya, ¿y qué? ¿Cuál es el problema? Porque estar triste tiene vida. Como alguna vez leí en un libro sobre budismo: «Si uno experimenta tristeza sin desear que la tristeza desaparezca, sigue siendo tristeza, pero no sufre por ello». El problema deviene cuando un sentimiento se convierte en un estado, y esta mutación requerirá el trabajo de sumergirse en su trasfondo para liberar lo que no fue aceptado.

A veces, parece como si unos sentimientos fueran buenos y merecedores de suscripción y otros malos y merecedores de represión. Y, sin embargo, este planteamiento se me antoja un tanto pueril y notablemente alejado de la naturaleza humana. ¿Hay algo rechazable en el mundo de los sentimientos? No lo creo. Todos son útiles y sanos; solo necesitamos apreciarlos, dejar que existan y confiar en que cursarán su proceso. El sentir genuino no puede ser dañino en sí mismo. Demasiadas personas tratan de extirpar de sí mismas vivencias emocionales en lugar de trabajar para comprenderlas e integrarlas. No funciona bien la política del bisturí, sino la de acoger y entender el sentido de nuestras alquimias emocionales para que fluyan.

Cuando nos negamos a estar tristes, cuando rechazamos el enojo que, de un modo natural, atraviesa nuestro cuerpo, cuando alguno de nuestros numerosos personajes internos decide no tolerar nuestra rabia, frustración, melancolía o cualquier otro sentimiento cuyo torrente incontenible no sea aceptado por el ojo crítico de nuestro tribunal interior, entonces nos vemos metidos en problemas. De pequeños pasamos de la conciencia natural que todo lo incluye a la conciencia moral que separa, en consonancia con las vivencias emocionales y vinculares con nuestros padres y otros seres queridos. Nos disociamos. Por eso, detrás del rechazo que sentimos hacia cualquier aspecto de nuestra vida adulta encontraremos siempre al niño que fuimos, con las voces y mandatos familiares aún gritando en su interior. No al niño sano, espontáneo y vital, sino al niño abandonado, al niño víctima, omnipotente, seductor, invisible, orgulloso, egoísta, o lo que fuere, atrapado en sus roles caracteriales. Se podría decir que el adulto pleno transita vivencias difíciles, pero no queda fijado a ellas. Si deseo una relación con una mujer o con un hombre y esa mujer o ese hombre no me eligen, siento mi dolor y lo enfrento, lo abrazo, tiemblo y lloro con él. Y siento rabia o lo que venga. Pero esto no es un problema: es vida en movimiento. El problema surge cuando aparece esa voz interior infantil que dice: «Esto no debería pasarme», y se empeña en que las cosas tengan que ser de una determinada manera. Cuanto más intenso es el sufrimiento de una persona, más probable es que habite en su interior un niño apegado a sus expectativas e imágenes internas, a sus profecías, ya sean de éxito o de invalidación. Y toda profecía del yo es una arrogancia ante la grandeza y soberanía de la realidad. El yo trata de parar la vida y de mantenerla fijada a sus deseos. Pero esa es, por supuesto, una misión imposible.

Hay demasiada categorización dual y maniquea en este mundo nuestro: esta mente bisturí que separa positivo de negativo, bueno de malo en un sentido moral e ideológico. Aunque en general «bueno» tiende únicamente a significar que me conviene y calma mi modelo de realidad, y no tanto «que hace bien». Y «malo», más de lo mismo. Hay en ello un paradigma demasiado pusilánime y esclavo que viene de la mente, y no del corazón profundo, cuyo único mantra es el amor. En el fondo, sucede que no soportamos la realidad y que nos cuesta mirarla directamente a la cara; entonces levantamos muros de piedra que se llaman ideologías, que para muchas personas tienen mucho prestigio y se ufanan de ellas. A partir de las ideologías leemos el mundo, o más bien lo separamos en categorías como bueno y malo. Algunos incluso matan en nombre de su ideología, o trazan fronteras y levantan banderas, o dejan de cultivar la fraternidad natural del corazón... Si tuviera que realizar una sola proclama, diría: «¡Abajo las ideologías y arriba el corazón silente y amoroso que lo abraza todo! ¡Vivamos menos en nuestras ideas y más en la realidad!». La desconfianza en la vida se refugia con insistencia en la edificación de ideologías que imponemos a nuestra mente.

En definitiva, para convertir la realidad en un problema tenemos que poner mucho de nuestra parte. Estamos tan acostumbrados a hacerlo que a menudo no nos damos cuenta de ello. A veces lo intuimos, pero nos parece más fácil tener problemas que dejar de tenerlos, negar la realidad que aceptarla. Por eso necesitamos también de una mirada espiritual, no solo psicológica. Una mirada profunda que contemple las cosas tal y como son. La espiritualidad es una adhesión a lo que está pasando a cada momento. ¿Dónde? Dentro de nosotros, sobre todo. ¿Dónde más? También afuera, en la conexión con el otro, con la naturaleza y el mundo. Por eso, desde la perspectiva espiritual, los problemas no existen.

LA DIALÉCTICA ENTRE EL YO Y LA VIDA

Un héroe es aquel que entrega su vida a algo más grande que él.

JOSEPH CAMPBELL

Persigue tu bienaventuranza y no tengas miedo, que las puertas se abrirán, allí donde no sabías que había puertas.

JOSEPH CAMPBELL

Hay, por tanto, una dialéctica básica entre la realidad y el yo (o la mente, que se infiltra colonizando y adueñándose por completo del yo). Es un arte conseguir que esa dialéctica se convierta en un diálogo creativo y fértil que nos impulse y nos lleve por caminos de goce y no de infelicidad. Por caminos de vida y no de muerte.

Para lograr que así sea, es preciso abrirse a la idea de que la realidad en sí misma es aproblemática, y no litiga consigo ni se cuestiona a sí misma, sino que se manifiesta y se acepta espontáneamente. Podemos decir que un árbol no se interroga sobre sus ramas, si están más o menos rectas, o torcidas, sino que, simplemente, se condensa, descansa y toma refugio en su *arboreidad*, en su ser, en su presencia, en su realidad. Si su tronco crece torcido, no tiene una voz interior enjuiciadora (tan familiar para los humanos) que diga: «¡Maldita sea, debería crecer recto y equilibrado! ¡Estoy resentido con la vida por hacerme como soy!». Podemos suponer que es aquiescente consigo mismo, con su morfología y maneras, es decir, que está en concordancia con el alcance de sus ramas y raíces, en sintonía plena con su realidad.

Cuando uno camina por la naturaleza, siente que los árboles y las plantas se afirman espontáneamente en sí mismos, se experimentan como bendecidos, plenos en su robustez o fragilidad, en su salud o enfermedad, perfectamente enraizados en la vida que los habita tal y como es (de ahí, probablemente, el reciente éxito en Occidente de esa práctica originaria del Japón conocida como *shinrin-yoku*, o «baños de bosque»: el contacto con el bosque nos enseña a reconocernos como parte de algo —la naturaleza misma— que en sí mismo es perfecto en su realidad). Aunque durante estos últimos años se hable también de inteligencia vegetal, es adecuado inferir que un árbol no tiene una mente conceptual, por lo menos esa mente verborreica y parlanchina que es propia de los humanos contemporáneos, ese *aparato* que vive en nosotros para discutir con la realidad o para tratar de derrotarla, siempre infructuosamente, gritando, susurrando, deslizando floridas y sonoras quejas. La mente de un árbol es sabiduría natural en estado pleno, puro magma y raigambre en su hábitat. Hunde sus raíces en el humus disponible, coopera y compite sin estridencias con los árboles que lo rodean, escudriña y comparte la bendita luz del sol. Es su vida y la aprovecha. Pero cuando el rayo parte su tronco, o el viento azota su corona con ímpetu, sigue enraizado en su naturaleza. No intenta, como sí hacemos los humanos, burlar los hechos, fintar la realidad, negándola o manipulándola para crear la ficción de que algo es distinto de lo que es. Los humanos lo intentamos constantemente: maniobramos con nuestra razón y nuestras narrativas, que pugnan contra el peso de la realidad y la increpan con sus sofismas y delusiones.

Un célebre cuento titulado «En el bosque», del escritor japonés Akutagawa, nos ofrece las muy diferentes versiones de un misterioso asesinato, según los ojos de varios testigos que se contradicen entre sí. Más tarde, el director de cine Akira Kurosawa se inspiró en este cuento para filmar *Rashomon*, película de culto en la que también se aborda la historia de un asesinato vista desde diferentes perspectivas: el asesinado, su esposa, el asaltante y un testigo. Todos ellos ofrecen su testimonio en medio de una atmósfera de sospecha, de egoísmo y de miedo, en el escenario de un antiguo templo «donde vivía un demonio que huyó porque tenía miedo de los hombres». Como nos dice Kurosawa, los seres humanos quizá no seamos de fiar, pero eso no cambia los hechos.

Hoy en día, se habla del efecto *Rashomon* para referirse a las diferencias en el relato producidas por la subjetividad y la percepción personal a la hora de que diferentes personas cuenten la misma historia. Pero por mucho que los distintos puntos de vista no coincidan, o por mucho que existan diferentes valoraciones respecto al porqué, el cómo, el quién y el para qué de un acontecimiento o suceso, la verdad de los hechos desnudos es la que es, y lo único que varía son sus interpretaciones y tergiversaciones: humanas, falibles, sometidas al ego o a la perspectiva de los valores morales con los que se construye, se estructura y se representa la realidad.

Un buscador de vida plena y autenticidad es, pues, quien tiene una conciencia de la delgada línea que separa la verdad de la mentira, la realidad de las ideas, así como de la función del egoísmo, el miedo, la vanidad y otras poco edificantes pasiones, siempre amantes de la distorsión y alérgicas a la verdad. Hablo de la verdad de la realidad en sí misma, la de los hechos desnudos, desprovistos de teorías, incluso de conceptos. Aunque ello niegue premisas construccionistas que postularían que más que los hechos importan las teorías que los describen. Sin embargo, como escribió la célebre escritora Gertrude Stein: «Una rosa es una rosa es una rosa»... Y, por el mismo precio, podríamos decir: «Luce el sol, luce el sol, luce el sol» o «murió antes de ayer, murió antes de ayer, murió antes de ayer»... La muerte de un ser querido ¿es un hecho o una construcción de la mente? ¿Una rosa es una rosa es una rosa es una flor o es una palabra? Hablo de la verdad del corazón desnudo, contemplativo, que no deja de ser una verdad experiencial, no absoluta, pero que se acerca a ella porque despoja a los hechos incluso de sus nombres. La verdad del corazón desnudo es aquella que, como dice un recordado aforismo sufí, solo el que la prueba lo sabe: una rosa «es» mientras no la llamamos rosa, porque entonces, al llamarla rosa, se convierte en un nombre.

Sin embargo, los seres humanos se empeñan, con una fuerza egoica fascinante (*fascinum* significa, en latín, «encantamiento», «hechizo», «embrujo», «atributo divino»), en mentirse tanto sobre los hechos como sobre sí mismos y sobre los otros. Y podría parecer que la mentira es una fuerza que mueve al mundo: al menos, a esa parte del mundo que gira y gira enloquecida y que los orientales conocen como la rueda de la vida o *samsara* (literalmente, «vagar por el sufrimiento»). Y, como la avaricia, la gula, el orgullo y otras pasiones, la mentira es también hija del veneno del que, según Buda, procede todo sufrimiento: la ignorancia.

Aterricemos en un par de ejemplos concretos, que remiten a relatos familiares definidos, para manejar o enfrentar realidades adversas. El primer hijo de una familia murió ahogado en la piscina por una distracción del padre, que estaba a su cuidado cuando ocurrió. Fue tanta la vergüenza, la culpa y el dolor de la familia, y muy en especial del padre, que se tramitó esta muerte a través del olvido. Nadie hablaba del niño ni del hecho. Nadie abría la cripta que escondía tanto dolor. La táctica del avestruz: lo que no vemos no existe. Aquí la narrativa estaba formada por el silencio, pesado, encriptado como una cueva oscura y sellada. Mala estrategia de diálogo con la realidad. Al no poder ser mirada y reconocida, no puede ser metabolizada. Y debilita a las personas.

Otro ejemplo: el nieto expresa con orgullo que su abuelo fue un héroe de guerra cargado de condecoraciones, evidenciando una narrativa familiar exaltadora de su querido antepasado. Sin embargo, el inquietante fragmento de realidad de los muchos caídos por las balas, disparadas por el propio abuelo o por los soldados a su mando, es negado o escondido bajo el intenso brillo de su magnificencia. Se destaca lo que conviene y se manosea o disimula o se excluye lo que escuece. No obstante, mi opinión es que el pensamiento puede ayudar a integrar la realidad a condición de que cuando la describa incluya y ame todos sus ingredientes, tanto los aparentemente elevados como los aparentemente vergonzantes, y no trate de reescribirla negando partes o según libre conveniencia. Los seres humanos podemos pensar la realidad, además de vivirla, pero un pensamiento es siempre débil comparado con los hechos. Como expresó Goethe: «Gris es toda teoría, pero verde es el árbol dorado de la vida».

Los seres humanos podemos influir en la realidad presente y futura con nuestra interacción (e incluso en el pasado, aceptándolo e integrándolo tal como fue, por la vía, en primer lugar, de desvestirlo de las «versiones oficiales» de la familia, por ejemplo); podemos tratar de lograr supervivencia y confort, y alejar en lo posible lo que consideremos que no nos conviene o desagrada. Pero la realidad no se deja burlar por nuestras pretensiones o ilusiones, y nos somete a *lo que es* a cada momento. En cierto modo, podríamos llegar a decir que la realidad es Dios. Cuando un rabino le preguntó a Albert Einstein si creía en la existencia de Dios, contestó: «Creo en el Dios de Spinoza, que se revela en la armonía de lo existente, no en un Dios que se interese por el destino y las acciones de los seres humanos». Asumir la armonía de lo existente conlleva integrar e incluir las ramas derechas tanto como las torcidas, la música vivaz tanto como el sollozo de los corazones, el éxtasis tanto como la agonía. Es famoso también el texto poético que, con el título de «Si Dios hablara», compuso el terapeuta y escritor Anand Dílvar con la intención de darle voz a ese dios de Spinoza:

> ¡Deja ya de ir a esos templos lúgubres, oscuros y fríos que tú mismo construiste y que dices que son mi casa. Mi casa está en las montañas, en los bosques, los ríos, los lagos, las playas. Ahí es en donde vivo y ahí expreso mi amor por ti.
>
> [...]
>
> Deja ya de estar leyendo supuestas escrituras sagradas que nada tienen que ver conmigo. Si no puedes leerme en un amanecer, en un paisaje, en la mirada de tus amigos, en los ojos de tu hijito... ¡No me encontrarás en ningún libro!

La realidad es soberana ante nuestro yo, la vida impone su capricho frente a nuestros deseos personales. Por eso se dice que si quieres que Dios se muera de risa, basta con que le cuentes tus planes de futuro. Parece que la vida solo late con fuerza en el presente. Cuando digo que lo esencial es asentir a la vida, lo que quiero decir es que todo trastorno o sufrimiento comienza o planta su semilla en una negación de la realidad, en una no aceptación de lo sucedido o de lo que está sucediendo, a través de carambolas neuróticas y extrañas del tipo: «No siento la tristeza que siento» o «no duele el dolor que duele»; o incluso: «No reconozco el amor que te tengo o la alegría natural que habita mi pecho». O muchas otras: «Mi novela debería haber tenido éxito, pero no lo tuvo», «mi hijo tenía que seguir en la empresa familiar, pero hizo otra cosa», etcétera. O, por el mismo precio: una rosa debería ser un clavel, o una buganvilla, o un pájaro o una nave espacial. O debería haber muerto dentro de treinta años y no antes de ayer, o debería ser inmortal.

Existe la sana agresión comportamental, es cierto: un sano decir que no con el cual nos posicionamos ante algo o elegimos seguir otro camino, o nos defendemos de un abuso, de una violación de nuestra intimidad o de una injusticia, o somos capaces de posponer una vivencia que nos toma: desarrollemos y celebremos este no, que convive con la capacidad de decir sí a ciertas cosas. Pero, cuando digo que sufrimos por no asentir a la realidad, no me refiero a esta sana y organísmica capacidad de poner (y ponerse) límites o de tomar posición y decidir claramente. Me refiero a no tener la capacidad de asentir a todo ello: a nuestros noes, a nuestros síes, a nuestras alegrías y nuestras culpas, a las cosas tal como han sucedido en nuestra vida o tal como están sucediendo ahora, justo ahora, en este instante específico.

Deseo afirmar, desde la experiencia terapéutica de décadas, que todo problema emerge de lo que llamo un trastorno de la concordancia o del asentimiento hacia lo que es. No solo en un sentido biográfico (hechos de nuestra vida), sino en territorios vitales y existenciales más vastos: cuando exploramos los problemas de las personas con una amplitud relacional, familiar, sistémica y transgeneracional, enseguida descubrimos que en algún lugar del pasado personal o familiar, nuestro o de nuestros padres, abuelos, etcétera, se puede rastrear algo que sucedió y que las personas implicadas no lograron aceptar, integrar, amar, metabolizar; algo que no se pudo digerir. Un conocido, por ejemplo, perdió a su padre cuando tenía cinco años al volcar el tractor con el que faenaba y quedar aplastado. Después de esto, su madre no logró recuperarse de la pérdida y entró en depresión crónica, con lo cual el hijo aprendió a desarrollar un carácter eficiente, autónomo, cuidador de los demás, ocultando su dependencia y necesidad, temeroso de ser invadido por el dolor en cualquier momento. En el fondo, nos encontramos con que, tomado por la exigencia de ser «fuerte», y ante la depresión de la madre, no pudo transitar el proceso para asentir a la muerte de su padre y llevar a cabo el duelo correspondiente de adulto. Y queda como asunto pendiente.

El bienestar es una fórmula cuya primera variable consiste en lanzarle a la vida nuestras propuestas. Es decir, contarle a Dios nuestros planes, asumiendo que tal vez nos devuelva una sonora carcajada. Con el tiempo lo sabremos. Pero ¡y qué! En efecto, hay que gritarle o susurrarle a la vida lo que deseamos, elevar una plegaria por ello e invertir energía para que la vida nos escuche. Por ejemplo: «Yo te pido, vida, que me des un largo matrimonio». ¡Cuánta gente le pide esto! Una vez, en un taller de constelaciones familiares, una mujer me expuso su asunto problemático: hacía muchos años que no tenía pareja y quería emparejarse de nuevo. En su juventud le había propuesto a la vida que quería casarse. Tuvo un novio y lo amó, y se casaron con veintidós años. Una semana después de la boda, al marido le diagnosticaron un tumor cerebral y poco tiempo después fallecía. He aquí una de esas grandes, tremendas y terribles maniobras de la insolente fortuna. La mujer pidió un matrimonio para muchos años y le duró apenas dos meses. Amén, pero...

cuánto cuesta llegar a ese amén y abrirse de nuevo a la vida, o, específicamente, para el caso de esta mujer, a un nuevo amor.

Por tanto, la primera variable de la fórmula del bienestar es decirle a la vida lo que queremos y remar y bregar con ello, que es la mejor forma de decirlo. Para tal cosa, habremos necesitado previamente sentir y reconocer nuestras predisposiciones personales. Pero la segunda es sintonizarse con lo que la vida quiere, aunque sea muy distinto de lo que nosotros queremos. Si la vida respondiera a nuestra voluntad y a nuestros anhelos, probablemente todos estaríamos mucho más contentos, pero la vida se empeña a menudo en no responder a nuestro deseo, sino a otros caprichos y geometrías, a otras mecánicas, a otras resonancias. Dice Shakespeare que la voluntad y el destino discurren por caminos opuestos. Beethoven dijo que agarraría al destino por la garganta, haciendo frente de ese modo a su desolación por irse quedando sordo, como diciendo: «¿Quién es más fuerte, Destino, tú —te tuteo— o yo?»; todo ello para descubrir más adelante, en su proceso de transmutación espiritual, la sumisión a los límites impuestos por el caprichoso destino, y con ello la manifestación de la más bella y fértil fuerza creativa reflejada en su obra posterior, en la que se siente la tierna dulzura y hondura del regalo de un vivir elevado a otra altura existencial, aun en el dolor. Podemos escuchar el resultado de su proceso en la Novena Sinfonía, donde alcanza su cumbre creativa. Trazar nuestros planes está en nuestras manos; que estos se cumplan, no. La vida es, por tanto, un diálogo entre nuestra voluntad y la voluntad del destino. Y ¿qué es el destino? Desde luego, no es algo predeterminado, como si estuviera escrito de manera pétrea en el libro de los tiempos, sino lo que ha sido tal y como ha sido, y lo que es tal y como es.

Hoy en día nos maltratan un poco con la popular ley de la atracción, una idea quizá peregrina, quizá inspirada —quién sabe—, que trata de hacer creer a nuestro yo infantil que puede convertirse en un gigante omnipotente (el yo adulto no necesita jugar a esta ficción), de manera que si ordenamos adecuadamente nuestros pensamientos y vivencias conscientes e inconscientes, ocurrirá solo aquello que anhelamos, bien sea la tonta bagatela de encontrar aparcamiento para el coche, o bien la más profunda aspiración de hallar un alma gemela (suponiendo que algo así exista). Es interesante esa «ley», ya que nos impulsa a afinar bien nuestros deseos, pero, como ley, también es muy insuficiente. Hay otra ley que, en mi opinión, la complementa en mucho, y para bien: la ley de la Gran Voluntad. Buena parte de nuestro sufrimiento consiste en oponernos a esa Gran Voluntad, a lo que la vida quiere o quiso. Y no solo, como decíamos, a lo que nos sucede directamente a nosotros, sino también a lo que les sucedió a otros miembros del sistema familiar o grupo de pertenencia. Insisto, por deformación profesional, en la idea de que cuando observamos los sistemas familiares y afectivos, encontramos en ellos que la vida les trajo hechos que no fueron integrados, que no quedaron resueltos, que no fueron amados. El sistema se mantuvo en oposición. Por ejemplo, «el abuelo *no debería* haber ido a la guerra», «el padre *no debería* haber muerto en un accidente con el tractor». Sobre esta exclusión, sobre esta negación de la realidad, luego se edifican tramas y guiones de vida que comportan sufrimientos, debilidad existencial y complicaciones genealógicas, especialmente para los descendientes.

Los traumas impactan en muchos, a menudo durante varias generaciones, y deben ser enfrentados, metabolizados, con un amor existencial o amor del espíritu cuando el personal no resulta posible. El amor personal es emocional y apasionado, sujeto al *pathos*. Se experimenta como sentimiento y emoción. El existencial va más allá de los límites apasionados del yo. Se experimenta como actitud y estado de desarrollo, como un metasentimiento. Este amor del espíritu refleja sumisión y adhesión a lo que ha sido, para vivirlo con ternura y apertura amorosa en otro plano de vivencia o de conciencia.

Si todo sufrimiento empieza cuando pensamos que algo «debería haber sido de otra manera» —«mi madre debería haber sido de otra manera», «mi padre debería haber sido de otra manera», «mi infancia debería haber sido de otra manera», «mi cuerpo debería haber sido de otra manera»...—, toda curación se completa con un movimiento interior que significa «me inclino ante lo que fue», o «abro mi corazón a lo que es tal como es o tal como sucedió, tal como fue, y trato de encontrar la perla oculta, que se protege contra el grano de arena, en la ostra» o «intento hallar la luz en la sombra o en el fondo del abismo o conflicto o pérdida o lo que fuere que me tocó transitar».

En definitiva, hablamos de una dialéctica constante entre el yo y la vida. Un diálogo muy difícil porque la vida nos zarandea, a veces tremendamente. Pero un diálogo que, bien llevado, puede ser creativo y fértil y ofrecer grandes desarrollos. Y, sobre todo, generar evolución y crecimiento hacia la plena y alta cima de lo humano: el amor a todo, en el cual los yoes personales por fin guardan silencio. Y el sufrimiento se debilita.

SÍ

No tenemos ninguna razón para desconfiar de nuestro mundo, pues no está contra nosotros. Si tienes espantos, son nuestros espantos; si tienes abismos, esos abismos nos pertenecen; si hay peligros, debemos intentar amarlos.

R. M. Rilke

Al fin, todo se podría reducir a una palabra, a una simple y elemental sílaba: *sí.* El gran afirmativo de la existencia. Como vengo diciendo, entonar el «sí» o el «no» ante las bifurcaciones y los grandes asuntos cruciales de la vida es determinante para nuestro índice de bienestar y fortaleza.

Lo fundamental, el trasfondo último y concluyente del trabajo terapéutico y de desarrollo, es pues ese asentimiento. No me refiero tanto a un sí comportamental, como sería, por ejemplo: «Sí, me caso contigo». O, un poco más prosaico: «Sí, voy a cocinar una paella». O al sí o el no con el que ponemos límites o hacemos elecciones. Me refiero a un sí *existencial.* En un sentido existencial o espiritual, el no es oposición y sufrimiento; el sí es asentimiento, grandeza, desarrollo y liberación.

El trabajo de salud y conciencia consiste básicamente en generar movimientos expansivos del corazón para extendernos con un sí existencial o actitudinal hacia aquello que estamos rechazando y a lo que nos resistimos. Por consiguiente, acogemos en nosotros lo que, previamente, habíamos alejado o extirpado de nuestro seno con un movimiento de retracción.

Un movimiento de retracción suele ser una defensa

contra el dolor y le dice al otro, a lo externo, o incluso a aspectos internos, lo siguiente: «Tú no eres yo, tú no formas parte de mí, te rechazo, no te quiero». Por el contrario, un movimiento expansivo le dice a aquello que no parece *yo*, a aspectos internos que yacen en la sombra despreciados, a aquellos que son *tus* o a la alteridad: «Tú también eres yo. Todo es yo. Todo es. Todo bajo el mismo amor».

Aún podría ir más allá y decir que lo que hacen muchas terapias, en el fondo, es eso mismo: generar movimientos expansivos del corazón hacia aquello o aquellos ante los que sentimos movimientos de retracción, lo que también nos incluye a nosotros mismos. La terapia Gestalt, por ejemplo y entre otras cosas, se focaliza en mirar el mundo interno de la persona para saber con qué aspectos de sí misma está en desacuerdo y expandirse hacia ellos, asumiéndolos. Siempre se trata de integrar la sombra y habitar toda nuestra casa, de manera que quede bañada en luz. Iluminar todos los sentimientos y estados internos e integrar la envidia, la pereza, el orgullo o cualquier otro de los considerados defectos humanos, al igual que sus reversos virtuosos de alegría, generosidad o fuerza, entre otros, que también suelen estar, por desgracia, muy reprimidos.

Amarse así, defectuoso, es ofrecerse a uno mismo un gran amor: cuidar del niño interior herido, del animal aplastado por la civilización, del gozo negado por la obligación y la restricción, de las pasiones imperativas que nos toman y nos pueden, de nuestro arraigado egoísmo con sus tentáculos. Expandir amor hacia lo supuestamente «no virtuoso» de uno mismo es el primer paso para integrarlo, convirtiéndolo quizá en «virtud» gracias al acto de iluminarlo y aceptarlo. En realidad, muchos de nuestros problemas dejan de serlo si cosechamos un estado interior más dispuesto al centramiento, a la audacia, al conocimiento y a compartir amor. A menudo, tales movimientos se hacen evidentes en los talleres de constelaciones familiares o de terapia Gestalt, en los que se crea tal atmósfera de presencia, de centramiento y apertura interior, que en sí mismos ya tienen algo de curativo, de sanador, de espontáneamente inclusivo. Se cambia la perspectiva de los asuntos y, por ejemplo, un sentimiento de miedo ante el cual experimentábamos un profundo rechazo comienza a parecernos aceptable y logramos manejarlo con sosiego. Lo cual ya es una pequeña transformación. O nos descubrimos capaces de ponernos en el lugar de una expareja con la que estábamos muy enojados, y sentimos una nueva y apaciguadora comprensión, tanto hacia ella como hacia nuestro propio dolor.

La gramática del desarrollo personal es copulativa: esto y lo otro, lo lindo y lo feo, lo alegre y lo triste, lo generoso y lo taimado, el padre y la madre, el agresor y la víctima. El círculo se cierra y la Gestalt se completa: las polaridades se integran y se disuelven en un único tao. Todos son tenidos en cuenta sin excepción. Cuando nos empeñamos en una gramática mental disyuntiva (esto sí, pero lo otro no), caemos en el común infierno de la escisión, la Gestalt se interrumpe y los contrarios se fortalecen, fomentando el desasosiego.

Las constelaciones familiares, al igual que otras terapias, logran unir, integrar, conciliar, rendir, extender movimientos del corazón hacia aquello que no fue reconocido, que no fue apreciado. Para ello, es preciso abrir los ojos a los hechos tal como son, tal como fueron, porque parte de los problemas que tenemos vienen de no querer ver o enfrentar, tal como decíamos. Es el veneno de la inconsciencia y la ignorancia, que representa en el budismo el origen de todos los males y sufrimientos de este mundo. La conciencia pura es inclusiva y nada rechaza. A ello se opone lo que en constelaciones familiares llamamos *amor ciego*: optamos por la ceguera porque aquello que vemos es demasiado difícil de soportar o respetar. Con el fin de protegernos o de sentirnos inocentes, cerramos los ojos empecinadamente y nos estancamos en una posición que muchas veces tiene el efecto de llevarnos a más desgracias o a más tragedia.

¡Cuánto cuesta asumir y respetar, por ejemplo, el sufrimiento y la depresión de una madre! Ya que no es posible el no amor en los hijos, el amor ciego actúa como compensación de lo que no ha sido integrado. Y entonces el hijo que no puede con la depresión de la madre, por amor ciego entra también en la dinámica de deprimirse, o experimenta ataques de ira hacia la madre con la oculta y desesperada motivación de querer rescatarla de la depresión. O no se integra la muerte del padre y se desarrolla un destino de persona buena y absolutamente eficaz, como pidiendo clemencia por el hecho de seguir viviendo, lo cual viene de la culpa interior por ir más allá de lo que fue posible para el padre.

Otra versión del amor ciego procede del dolor sufrido en la infancia como consecuencia de abandonos, faltas de atención, malos tratos, abusos, etcétera, que hacen que necesitemos retraernos y disociarnos, o encerrarnos en una cripta de silencio y olvido. Pero al no mirar e integrar estos dolores limitantes del contacto emocional, perpetuamos su poder en nuestra realidad. Desde luego no es fácil manejarlo, y algunas experiencias infantiles son tan devastadoras y lastiman tanto nuestro potencial para vincularnos que requieren el acompañamiento de un terapeuta experto capaz de crear un vínculo seguro.

Creo que habría una suerte de premisa u orden de la existencia que vendría a rezar: «Todo lo que ha sido y es tiene derecho a ser de la manera exacta en que ha sido y es. Y merece ser amado, merece ser mirado, merece ser integrado». Esto es amor esclarecido, en oposición al amor ciego del que hablaba. Es amor que puede mirar la realidad.

¿Por qué, cuando nos llega la tristeza, no la tomamos como un huésped y la dejamos vivir en nosotros? ¿Por qué, cuando nos llega la vergüenza, no la tomamos como un huésped también legítimo y la dejamos vivir entre nosotros? Incluso cuando decimos «no me gusta sentir vergüenza», ¿por qué no tomamos este «no me gusta» como un huésped que tiene derecho a vivir entre nosotros? Tratamos de evitar la tristeza, la rabia, la alegría y el dolor, o lo que sea, en lugar de tratarlos como invitados especiales que la vida nos trae. Lo explica muy bien Jeff Foster, sobre todo en su libro *La más profunda aceptación*, donde sugiere que para intentar protegernos del dolor y de todo aquello que creemos «malo» nos hemos creado una armadura y un artificio que en realidad no nos protege de nada, sino que nos mantiene anestesiados, alejados de la vida y de nosotros mismos. Quien rechaza es la mente y sus constructos de identidad, con su armazón conceptual y de creencias, pero la realidad no se rechaza a sí misma, la realidad simplemente actúa, se nos muestra, se conforma: *es*. Nos empeñamos entonces en rechazar lo irrechazable y, en ese empeño, sufrimos.

Muchos problemas son idioteces que la mente fabrica como artefactos supuestamente defensivos, no necesidades profundas del cuerpo, del alma, del corazón. Yo diría que la función natural del ser profundo que vive en nosotros es abrazarlo todo, si no en un modo emocional, sí existencial. Por eso, conviene rascar e ir al fondo, al alma o a lo que esta palabra nos evoque como lugar de bienaventuranza y sabiduría. El alma está a salvo de manipulaciones y nos acompaña siempre, a pesar incluso de nuestra propia idiotez. Muchas veces los problemas son empecinamientos absurdos que alimentan viejas heridas o extraen de ellas su combustible, pero en lugar de cuestionar la herida, la mente y la personalidad tratan de confirmar su posición defensiva, que sigue atando al pasado.

Está bien hacer todo lo que podamos para que las cosas sean como desearíamos, pero hay cosas que no están en nuestras manos. ¿Acaso está en nuestras manos que nuestra madre o nuestro padre sean como son o como fueron, o que tengan la historia que tienen? Por supuesto que no, pero a partir de este hecho podemos cavar una cueva oscura y arrastrar a todo el mundo a ella o edificar un promontorio para ver más allá del dolor e incluso guiar a otros por esa senda. ¿Y cuál es la naturaleza de semejante promontorio? ¿De qué materiales está hecho?

Cuenta la leyenda que la madre de Buda murió poco después del parto y él, príncipe Siddharta, fue criado entre algodones protectores. Un día salió del palacio donde vivía, de aquel espacio restringido donde imperaba la dulzura, y se dio de bruces con la realidad de la vida. Conoció el lado doloroso: la enfermedad, la muerte, la vejez, y también la ascesis de los buscadores de algo más. Quedó tan conmovido que le creció una profunda intención, la de tratar de comprender la naturaleza del sufrimiento y su superación. Me gusta pensar que el trauma y la semilla de dolor, sepultada en su cuerpo por la pérdida temprana de la madre, estalló por fin en su seno y le trajo una gran sensibilidad hacia el sufrimiento. Sea como fuere, inició su práctica, que al principio consistió en mortificación y privaciones, con el objeto de dominar la identificación con el cuerpo y sus deseos, y más tarde despertó también a la evidencia de ese automaltrato, lo confrontó y eligió el camino medio, más real y amoroso: sin los extremos del hedonismo ni de la privación absoluta. Se dice que una vez tuvo un sueño. Volaba hacia el cielo de las mujeres, donde se encontraba con su madre desnuda. Se sentaba frente a ella y entonces ocurría algo milagroso: de los pechos de la madre empezaba a brotar leche que, a través del aire, iba hacia la boca de Buda. Esta imagen contiene para mí una evocación nítida: «Te tomo, madre, y tomo lo que viene de ti, de la manera exacta en que me lo das. Leche y mieles, pero también tu muerte tan temprana, que sobrevino a consecuencia de la vida que me diste». Buda toma, asiente a la vida. Podemos imaginar que simbólicamente dice: «Estoy de acuerdo con que haya sido así».

Muchas personas que pierden a su madre como consecuencia del parto, o poco después, se sumergen en una dinámica completamente distinta, de amor ciego, que conlleva una cierta fatalidad, pues internamente sienten: «Al alto precio de tu muerte, mamá, mi vida no es tan valiosa. A este precio no la puedo tomar con fuerza y alegría». ¿Cómo recibiría una madre este mensaje? Probablemente, se sentiría muy mal, muy triste. Sentiría que no valió la pena. Con este posicionamiento de aparente fidelidad, en realidad todo el mundo sale perdiendo. La vida se estanca. Y ya no podemos elevarnos por encima del dolor, ya que el promontorio desde el cual divisamos la tierra verde más allá del sufrimiento está hecho, precisamente, de ese dolor integrado y aceptado.

Me gusta imaginar que, después de recibir la leche materna, Buda comparte con su bienamada madre lo más crucial de su vida. Por ejemplo, que tiene hijos, que son sus nietos, y que le pide para ellos su buena mirada y su bendición celestial. También le narra que, golpeado por la visión del dolor humano, dejó a su esposa y abandonó a sus hijos (repitiendo en cierto modo el «abandono» sufrido en propia carne con la muerte de su madre) y, aspirando a la sabiduría y al bálsamo existencial, se embarcó en su búsqueda. A continuación, le refiere sus descubrimientos, formulados como las cuatro nobles verdades, fundamento del budismo y de sus enseñanzas. La primera es: «Toda existencia es insatisfactoria». Es decir, que el sufrimiento es inevitable (la palabra que usa para sufrimiento es *dukkha*, también traducible como «insatisfacción», «sed», «anhelo existencial»); todos vivimos momentos de dolor: la vejez, la enfermedad, la muerte, las pérdidas, convivir con lo indeseable, no obtener lo que se desea... El dolor siempre está presente, nada es felicidad completa, ni siquiera la convivencia con seres amados. La segunda noble verdad (*samudaya*) es que el sufrimiento tiene una causa: básicamente, consiste en la identificación con el deseo o con el rechazo o temor (que, junto a la ignorancia, conforman los tres venenos), lo que nos lleva a procurarnos una identidad como sujetos de anhelos y fobias, de manera que ignoramos nuestra verdadera naturaleza búdica. La tercera noble verdad (*nirodha*) es que el sufrimiento se puede trascender. Y la cuarta y última (*magga*) es que existe un camino que conduce a la supresión del sufrimiento (o sea, al despertar, al nirvana), que él llama «el camino de las ocho ramas» o «noble sendero óctuple», que incluye plena y correcta comprensión, pensamiento, palabra, acción, ocupación, esfuerzo, concentración y, sobre todo, atención plena —que destaco especialmente porque parece una de las vías regias no normativas—, y que desemboca en la práctica meditativa extendida en las distintas ramas del budismo y en algunos abordajes de terapia. Atención, atención y más atención...

Dicho de otra forma, la causa del sufrimiento está en el apego o el rechazo a algo, en querer que algo sea distinto a como es. Estar lejos de lo que queremos es sufrimiento. Estar cerca de lo que rechazamos es sufrimiento. El budismo sugiere que el sufrimiento puede ser superado si, más allá de la ignorancia, vamos descubriendo un principio de inexistencia personal o tomamos nuestras identidades o ego (que sería el traje con el que envolvemos nuestro *dukkha*) como vestidos funcionales y no esenciales. Poseer esta comprensión abre las compuertas del pleno ser, de la verdadera naturaleza de la mente, en terminología budista; es decir, la naturaleza de un ser libre de personalidad, de todas esas identidades que se quejan, que se apegan, que reclaman, que quieren... El sufrimiento puede ser superado si tenemos el valor de abrirnos a la dimensión de lo absoluto o, con un aroma espiritual, a la dimensión de la nada. De atrevernos a ser nada o nadie.

Este, claro, es un abordaje espiritual, difícil para la mayoría de nosotros, apegados a nuestras ideas de nosotros mismos, a nuestros relatos mentales, a nuestras narrativas e identificaciones. Por ello insisto en la idea de que la ayuda terapéutica no se ha de limitar a las maniobras del ego y su cadena de identificaciones (lo que, por supuesto, también forma parte de la práctica psicoespiritual, y conviene entender su importancia), sino que requiere abrirse a la dimensión del espíritu, especialmente cuando nos enfrentamos a los grandes asuntos de la vida. Y poder practicar el gran afirmativo de la existencia, el santo o gran sí a la vida.

EL MAPA DE LOS TRASTORNOS

Pero cuanto más me observo y me conozco, más me sorprende mi deformidad y menos me comprendo a mí mismo.

MONTAIGNE

Diversos abordajes terapéuticos ponen el acento preferencial en algún tipo de complicación o trastorno y se dirigen a entenderlo y corregirlo. Las terapias existenciales se centran en la fricción y el temblor que supone mirar de frente los grandes asuntos del viaje de la vida, sobre todo los vínculos, el amor, el dolor, el ser y la muerte, y en lograr asentir a ellos. Las terapias sistémicas dan gran importancia a las estructuras y niveles familiares, así como a la comunicación entre sus miembros y al orden y lugar que cada uno ocupa en sus familias y contextos. Las terapias analíticas aportan mucha luz a la hora de desenmascarar la tortuosidad de los inconscientes caminos del amor y del deseo, del intercambio entre el dar y el recibir, de la satisfacción de las necesidades y los deseos. Las cognitivas se enfocan en desafiar creencias y narrativas bizarras que perjudican a las personas, las vuelven disfuncionales o las alejan de la gestión feliz de la realidad. Las humanistas, con su aliento holístico —que abarca cuerpo, emoción, mente y espíritu—, ayudan a desarrollar cada vez más presencia y plenitud; promueven el encuentro humano real, la empatía, la congruencia y la autenticidad en las relaciones, además de iluminar los recursos singulares y el potencial de realización de cada persona. Y aún podríamos agregar las terapias centradas en el sentido, como la logoterapia de Viktor Frankl, que vendrían a enseñar que quien se encuentra dirigido por un noble porqué —por principios guía o valores cruciales— puede sostener cualquier cómo, con lo cual su vida parece dirigida como por una fuerza mítica y mística.

Sea cual fuere el abordaje, resulta muy útil y constructivo dibujar un mapa con esos focos, complicaciones y deformaciones, esperando que sea de ayuda para todos los lectores, de manera que puedan espejarse y revisar sus propios tramos del camino, asuntos y problemáticas. También, y especialmente, será útil para todos los profesionales de la ayuda, el asesoramiento, el bienestar y la salud a la hora de comprender mejor dónde mirar, qué facilitar, qué promover, qué comprender, qué resolver...

Veamos, pues, el mapa de los trastornos.

Trastornos del asentimiento

Cuando persistimos en el «no» del corazón, asoma el primer e inevitable trastorno: el del asentimiento, como una fuente primigenia de sufrimiento que ocasiona todos los demás.

Todo problema empieza con un no (en el sentido existencial, no conductual, como veremos). Y cualquier transformación deberá generar un movimiento de concordancia, con toda la tramoya emocional, corporal y neurofisiológica que comporte. Si no asentimos, permanecemos en una actitud de discusión con la realidad tal como ha sido y está siendo en este instante. Peleamos en balde con lo que no puede ser cambiado. El asentimiento, la concordancia, la aquiescencia, el reconocimiento, son el paso y la actitud necesarios para tomar y luego reinterpretar lo que fue de un modo que conduzca a más vida y no a menos. Esta es la clave siempre: ¿más vida o menos vida? ¿A favor de la vida o en contra de ella? ¿Con más amor o con menos? La respuesta está en el asentimiento, en el sí a lo que fue, a lo que es y a lo que somos.

«A-sentimiento» puede interpretarse también como «sin sentimiento», sin *pathos*, sin pasión, sin emoción. O como un más allá del sentimiento. Es amar algo o a alguien en un sentido existencial, no necesariamente emocional. Más bien en un sentido reverencial ante la grandeza de lo que es. Una suerte de concordancia o aquiescencia que viene de una actitud humilde ante la realidad.

A veces logramos, maravillosamente, como fruto de un proceso de trabajo con nosotros mismos, restaurar el sentimiento amoroso emocional (hacia los padres, por ejemplo), pero muchas veces no se logra el amor, por lo menos como sentimiento experimentado. No es fácil experimentar un sentimiento amoroso cuando hemos sido dañados por graves abusos o violencias. No es simple incorporar aquello de «amad a vuestros enemigos, bendecid a los que os maldicen, [...] para que seáis hijos de vuestro Padre [...] que hace que el sol salga sobre malos y buenos, y que llueva sobre justos e injustos», como reza el Evangelio según san Mateo. Sin embargo, hay otro amor no emocional, tal vez más humilde, pero a la vez más inclusivo, plural y que no discrimina: el amor existencial, que se experimenta como templanza, serenidad, ecuanimidad y contentamiento. Un amor capaz de «a-sentir» a las personas y las cosas a pesar de los pesares: de ser experimentado no como *pathos*, no como emocionalidad, sino con armonía, gracia y serenidad. Amor compasivo, en suma, sin algarabía emocional, sin persona, podríamos decir, sin un yo implicado. Un amor que procede de un centro interior purificado.

Aunque en algunos asuntos no logremos restaurar un amor-sentimiento, podemos escalar a ese lugar más alto, en el que amamos sin sentimientos desbordados, como un estado del ser que propicia una alianza inquebrantable con la realidad y nos permite ante todo integrarla con humildad. Podemos también llamarlo metasentimiento o estado de desarrollo: compasión, concordancia, flujo. Y una buena definición sería también la de un amor taoísta, en el que los opuestos se reconcilian y se adopta con humildad una posición flexible, desapegada, libre de que las cosas tengan que ser de un cierto modo; una posición de menor resistencia ante los hechos tal como son, donde podamos adaptarnos, casi sin pretenderlo siquiera, a la bondad invisible de la naturaleza; una posición, en fin, donde la vulnerabilidad es la auténtica fuerza (el tao es paciente, pero no débil), en la que uno no se opone a lo que sucede, pues no depende siempre de nosotros la corriente del río de la vida, ni es cosa buena tratar de detenerla o de empujar el río en la dirección que nos imponen nuestras pasiones. A veces la vida, el misterio, el alma grande, nos lleva como si supiera más que nosotros mismos. La característica cardinal de este estado es que, en él, no se piensa ni se evalúa ni se discute la realidad. Hay, por decirlo así, una exención de narrativa —hoy, que tan de moda está apropiarse de la «narrativa» como una forma de dominar a otros—, una renuncia a la misma y, por tanto, una renuncia a la voluntad de someter o burlar la vida; un adentrarse en el silencio profundo del corazón y del alma, donde el amor resplandece.

En constelaciones familiares se enfatiza casi como un mantra el concepto de *inclusión*. Los trastornos del asentimiento también son trastornos de la inclusión: algo no ha podido ser incluido en el corazón de las personas, no ha podido ser procesado, y nos mantiene atados, adquiriendo las características de un fantasma fascinador. Hablamos de inclusión, sobre todo, al referirnos a personas, a la integración de este o de aquel, pero sin olvidar que hay que incluir también los hechos. Nuestra realidad es muy extensa y se compone siempre de hechos en danza con las personas.

En el asentimiento hay rendición. Hay un acatamiento y una renuncia a nuestras posiciones egoicas. Hablamos de asentimiento y no de aceptación porque en la aceptación hay todavía demasiado yo tratando de enseñorearse. No es lo mismo decir «yo acepto» que asentir. En la aceptación el yo es el protagonista que se arroga la decisión de incluir o excluir. En la rendición, la realidad es la actriz principal. Y el sufrimiento lo crea el ego, que dispone de un rico arsenal de estratagemas mentales y posiciones de defensa para tratar de burlar la realidad o incluso agredirla: desde la burda negación («no puedo hacer frente a una muerte o un abandono, es demasiado para mí, así que hago como que no ha ocurrido»), la violencia hacia el otro («ocurrió por su culpa y nunca se lo voy a perdonar») o la culpa, pasando por la autoagresión o la vergüenza («ocurrió por mi culpa y nunca me lo voy a perdonar»), hasta la respuesta «duelística» («estoy tan enojado con la muerte por llevarse a mi querido hermano que ahora la reto poniéndome en peligro constantemente» o «estoy tan ensombrecido por los abusos sexuales que sufrí que ahora me daño como castigo»), en una especie de patológica tanatofilia que oscurece la existencia. ¡Cuánto cuesta mirar claramente los hechos, permitir que duelan o nos iluminen, elaborarlos en nuestro cuerpo y en nuestras sensaciones, en nuestra mente y en nuestro corazón, y mantenernos unidos por dentro, congruentes y no divididos, impulsados por la verdad esencial que nos posee a cada momento, cuerdos, en suma! El desafío consiste en no caer en la tentación de retar a la vida, de echarle un pulso para ver quién es más fuerte. El reto reside en amar lo que es. ¿Por qué? Porque nos va peor si no lo hacemos.

Tal vez se entienda mejor con un ejemplo a través del cual trataré de ilustrar los distintos trastornos expuestos en mi mapa. La madre de Guillermo sufrió de joven una violación y quedó embarazada. Después de nueve meses nació la criatura, hija del violador, y la madre resolvió entregarla en adopción, con lo cual la perdió para siempre como madre. Después de unos años se casó con el padre de Guillermo y lo tuvieron a él. Esta es la descarnada desnudez de los hechos. Pero si hacemos un ejercicio de empatía y nos ponemos en la piel de la madre de Guillermo, quizá podamos sentir cómo su alma se rompió, su corazón sollozó y su cuerpo se ausentó ante la violencia sexual y su peligro paralizante. Podemos preguntarnos: ¿qué trauma dejó en su cuerpo la violación? ¿Cómo se sintió al saber del embarazo? ¿Cómo se sintió al albergar una vida en su vientre, la de su propia hija y también la del violador, durante nueve meses? ¿Qué sentimientos experimentó al verla nacer: tristeza, apego, conformidad, amor, ternura, enojo, vergüenza, impotencia, dolor, indiferencia, desapego? ¿Cómo fue entregarla y perderla para siempre, qué sentimientos le acarreó en el cuerpo...? ¡Ay, proezas, proezas increíbles, estrechos infernales, en los que el alma se rompe por los cuatro costados, queda aturdida, despedazada, y no encuentra el camino para suturarse y reunificarse! La madre no pudo llevar a cabo el proceso para integrar estos hechos tan dramáticos y comprometidos. Quedó, por decirlo de alguna manera, atascada en su cuerpo, sin poder procesar lo que le había tocado, tanto la violación como entregar a su hija primogénita. No era nada fácil. Hubiera requerido mucho amor del entorno, además de una buena terapia o una buena ayuda para reprocesar en el cuerpo tanto dolor, con toda la gama de emociones congeladas. Y grandes dosis de espiritualidad para escalar a una dimensión más grande, a un centro interior, y llegar a concordar con la «insultante fortuna» y decir sí. Sí, así lo tomo, como parte de mi camino.

He aquí, pues, un trastorno del asentimiento. Es grave en este caso, y casi inevitable. ¿Quién tiene la grandeza y la humildad interior suficiente para no convertirse en tierra devastada? En todas las familias se ha hecho presente en diversas formas la adversa y voluble fortuna. Ahí empieza todo, como iremos viendo al seguir el hilo del caso de Guillermo, que, como decía, nos permitirá ilustrar el mapa de estos trastornos.

Trastornos del lugar

Los trastornos del asentimiento conducen, inexorablemente, a trastornos del lugar en las familias, en sus posiciones, jerarquías y geometrías; que pasan de ordenadas, sanas y tranquilizadoras, que sería lo natural, a desordenadas y desestabilizadoras.

En la conceptualización de las constelaciones familiares, los trastornos del asentimiento incumplirían el primer «orden del amor» (el orden del amor es lo que permite el buen amor, que trae bienestar y realización), el cual exige la inclusión plena de todos y de todo, para que ninguna persona en el sistema familiar se quede atada a quien fue excluida, quizá emulando de algún modo lo que le tocó vivir. Ejemplo típico es el de las ovejas negras, las muertes trágicas o los destinos que se repiten en las familias, etcétera. Los trastornos del lugar serían su consecuencia e infringirían el segundo e importante orden del amor: el del respeto a las jerarquías, es decir, que cada quien esté en el lugar que le corresponde para que nadie tenga que padecer. Que los padres estén en el lugar de los padres y los hijos en el de los hijos. Que los padres se encuentren lado a lado como adultos frente a los hijos, sin importar si están unidos como pareja o separados, ya que los padres no se separan como tales. Para quien no esté familiarizado con el concepto de «orden del amor», insistiré diciendo que se refiere a aquello necesario para que el amor natural en las familias se desarrolle en la dirección de la dicha y la madurez para las personas y no hacia su contrario. Descubrimos todo el tiempo que la desdicha no suele acaecer por estricta falta de amor, sino por el incumplimiento de los órdenes que la evitarían.

Numerosos padres, por ejemplo, tienen dificultades para tomar, clara, sólida y naturalmente, su lugar y energía como padres. Cuando esto sucede, los hijos se exasperan e incurren en comportamientos que los lastiman de muchas maneras, desde agredir a los padres, en un intento desesperado de reclamarles su grandeza jerárquica, hasta el camino opuesto, o sea, implicarse tiernamente con uno de ellos, poco menos que, a veces, como pareja invisible. O cuidándolos e invirtiendo de este modo los roles, o aliándose con uno de los padres en contra del otro, en lo que se denomina triangulaciones, etcétera. El paisaje de las complicaciones es extenso y variado.

Obviamente, no se trata de algo elegido de un modo voluntario. Ya sabemos que si las cosas pendieran del hilo de nuestra voluntad el bienestar camparía triunfal por doquier. Si una madre o un padre no logran asumir su lugar como tales, con fuerza y solidez, no es en absoluto consecuencia de su capricho. Simplemente, no pueden. Su fuente de energía para ello se halla obstruida. Puede ser, por ejemplo, que una parte de su corazón y de la energía de su cuerpo hayan quedado encogidos por la muerte de un hijo anterior y se instale en ellos una debilidad y una hipocondría exageradas. Si no logran completar el duelo, que los llevaría de nuevo a la orilla de la vida, a la fuerza y a la plena expansión de sus cuerpos, los otros hijos quizá los experimentarán ausentes, al menos en parte, y reaccionarán al respecto con sacrificios e implicaciones. El deseado apego seguro, natural y espontáneo puede quedar comprometido.

Los trastornos del lugar se vuelven muy evidentes en el trabajo terapéutico, y de manera particularmente gráfica y escenificada en el trabajo de constelaciones. Se trata de problemas que aparecen porque las personas no están (no pueden, no logran estar) en el lugar que les corresponde: padres, hijos, abuelos, hermanos, parejas, exparejas, tíos, etcétera. Si una mujer persiste en su resentimiento y rechazo hacia su madre, por ejemplo, y no logra asentir a lo que fue e incluirla en su corazón, su vida pivotará, en aspectos esenciales, en torno a la oposición y el resquemor. La falta de esta madre rechazada será percibida, energética u osmóticamente, por sus hijos, que notarán que a la madre le falta su propia madre, lo que le impide ser plenamente madre y estar en el lugar que le corresponde. Entonces los hijos se implicarán de muchas maneras: representando a la abuela y tratando de ser madres para la madre, aliándose con la abuela y teniendo mala relación con la madre, etcétera. En mi opinión, nunca es exagerado el efecto negativo que tiene lo no resuelto en las personas y las familias.

Cabe entonces hacerse una pregunta: ¿estuvieron o están nuestros padres en el lugar que les corresponde como padres? Quizá no sea, o no haya sido, fácil para ellos, ya que arrastran sus propios trastornos del lugar como hijos respecto a sus padres, esto es, nuestros abuelos, tocados ellos a su vez por asuntos no integrados de su vida o de su historia familiar. O bien influya su infancia, con todas sus alegrías y penas; o su niño interior, tanto el espontáneo como el herido; o sus vicisitudes de adultos —entre ellas, ataduras y enganches con parejas anteriores, separaciones no asumidas, congojas, culpas, traumas, etcétera—. E incluso sus propios intentos, en el mejor de los casos, de iluminar los agujeros negros que no fueron iluminados. Sin olvidar que hay muchas probabilidades de que haya habido sucesos que no fueron integrados en sus familias, perpetuando esta inestabilidad en la fuerza y solidez de las personas. También es relevante preguntarnos: ¿estamos nosotros en nuestro lugar como padres, como hijos, como hermanos, como parejas, etcétera?

A veces una madre no está del todo presente como madre porque su energía no está completamente dirigida hacia la vida, quizá porque perdió un hermano en la infancia y no ha tomado conciencia ni ha asentido, en un sentido emocional, corporal y existencial, a este hecho, de manera que a nivel un tanto inconsciente experimenta un movimiento hacia la muerte. O porque perdió a su padre muy pronto y se congeló su movimiento amoroso espontáneo hacia él, y luego de adulta no logra llevar a cabo el proceso interior de darle a su padre y al destino que le tocó en suerte —morir tan pronto— un buen lugar en su corazón, junto al dolor de perderlo siendo tan niña, y también junto al dolor del padre por dejarla sola tan pequeña. O también puede ocurrir que un padre no logra tomar con fuerza su lugar al lado de su mujer porque en su corazón no logra asentir al alcoholismo de su padre, volviéndose también él alcohólico a su vez y repitiendo aquel guion de autodestrucción, desamor y debilidad. O sea, enredos y misterios de las familias que se van entrecruzando. En el primer párrafo de *Anna Karénina*, Tolstói dice que todas las familias dichosas se parecen unas a las otras, pero que las infelices lo son cada una a su particular manera. ¿Será que en cada familia encontramos específicos trastornos del asentimiento y del lugar?

Una situación extrema la encontramos en el siguiente ejemplo. En el transcurso de un taller, una mujer planteó su asunto en estos términos: «¡Lo que me pasa es que mi padre y mi abuelo son la misma persona!». Es decir, que hubo un incesto entre el padre / abuelo de esta mujer y su madre / hermana, la hija del abuelo. Aquí encontramos un grave trastorno del lugar: el abuelo violenta a su hija, menor de edad, cometiendo incesto y poniéndose en el lugar del par sexual, lo cual es de una gran tortuosidad y enferma notablemente a todo el sistema. Los roles paterno y filial están dolorosa y dramáticamente desdibujados.

En este caso actúa además el secreto familiar, pues esta mujer sí conocía la verdadera procedencia de su vida, pero sus hijos no. Era un secreto para ellos, aunque en realidad los secretos en las familias solo lo son a nivel cognitivo, pues, por otro lado, no lo son, sino que susurran con una cierta, sutil, sonoridad: un hijo de esta mujer sufrió alteraciones psiquiátricas, con pensamientos recurrentes sobre perversiones sexuales acompañadas de cavilaciones obsesivas sobre la pureza y acerca de cómo alcanzar un estado virtuoso. Lo cual hace evocar el tema del incesto callado, la sexualidad, la culpa y la obsesión por la virtud como forma de control y compensación. «¿Qué le dirías a tu padre / abuelo?», le planteé a esta mujer, y contestó: «A mi padre, gracias, y a mi abuelo, ¡abusador e hijo de puta!». La respuesta me pareció sensata como fruto de una reflexión sobre sus orígenes y una buena administración de su realidad, expresando gratitud por la vida a su padre y, al mismo tiempo, dejando la responsabilidad y la culpa por el incesto en manos de su abuelo. Sin embargo, podríamos decir que lo que puede ser asentido puede ser dicho, por lo menos ante las correspondientes personas afectadas, y esta mujer mantenía el secreto delante de sus hijos, quienes, qué duda cabe, estaban afectados, especialmente el hijo con trastornos psicológicos graves.

Retomemos el ejemplo de Guillermo. Su madre jamás pudo integrar y curar el trauma de la violación que sufrió, ni tampoco el hecho de haber entregado a su hija en adopción. Aunque más adelante tuvo la capacidad y el impulso de vida necesario para casarse y conformar una pareja y ser madre de nuevo, su alma estaba demasiado partida, y mal pudo tomar su grandeza de madre y asumir su lugar con plenitud. Podemos preguntarnos: ¿cuánto enojo y desconfianza, cuánto temor e impotencia, seguían habitando en su cuerpo? ¿Qué lugar ocupaba en su interior la hija donada, y cómo sentía en sus delicados adentros el vínculo con ella? ¿Qué sintió y experimentó con el embarazo de un nuevo hijo, es decir, de Guillermo, y cómo vivió su nacimiento y su llegada al mundo? ¿Rememoró en Guillermo la tormentosa y callada ausencia de la primogénita? ¿Pudo abrirse por completo a su segundo hijo y darle la bienvenida a una vida plena o en su inconsciente asomaron la depresión y el desánimo? Son preguntas difíciles. Y aquí no sirven las respuestas racionales e ideológicas, únicamente las que vienen de lo más profundo del corazón, sin prejuicios.

Sea como sea, la realidad es que a esta madre no le fue posible tomar con fuerza su lugar y su grandeza de madre para Guillermo, como si dentro de ella vivieran alojadas vivencias que la atormentaban y no la dejaban disponible. Su energía quedaba obstruida y taponada, en cierto modo. Y esto le llegó claramente a su hijo. Guillermo siempre sintió que su madre no estaba presente, o, si lo estaba, era de una manera formal y funcional. Siempre adivinó en sus ojos una mirada extraviada hacia otra dirección. Cuando, ya de adulto, supo la historia de la violación y de la hermana entregada en adopción, pudo entender por fin algo que siempre intuyó que se alojaba escondido en las penumbras de su madre.

Es importante que se entienda que nuestros padres no están exentos de heridas y sufrimientos. Sería absurdo pretender algo así. Sin embargo, no por ello pierden necesariamente su lugar como padres. Desde luego que ayuda el hecho de que hayan logrado asentir y ventilar las habitaciones dolientes de su vida o su sistema familiar. Estar en su lugar como padres no significa estar bien todo el tiempo ni carecer de cicatrices, sino acaso saber estar bien y en su lugar como padres también cuando soplan vientos desfavorables, cuando las cosas no van bien o aparecen dificultades, o saber llevar con dignidad y fortaleza las grietas del pasado y las turbulencias del presente. Estar bien significa estar bien aun estando mal a veces, incluso con los rasguños y los tránsitos emocionales que, alojados en un buen lugar interior, nos dan más madurez y más peso personal. Los hijos experimentan como regalo y modelo ver a los padres manteniéndose en su grandeza y dignidad también cuando les visita la pérdida, la enfermedad, la tristeza, la confusión o lo que sea que lastima o haya lastimado sus vidas.

Podemos concluir diciendo que todo esfuerzo para que cada quien esté en el lugar que le corresponde, no solo en sistemas familiares, sino también profesionales, sociales y empresariales, está destinado a inyectar fortaleza, crecimiento y bienestar no solo a la familia o institución, sino también a todos sus miembros, volviéndolos más capaces para los retos que se requieran. Sin embargo, el lugar queda comprometido cuando algunos fragmentos de la realidad, o algunas personas de nuestra historia familiar u organizacional, han sido excluidas del reconocimiento y la posición que les corresponde.

Trastornos de la necesidad

La génesis del malestar comienza con los trastornos del asentimiento, que ocasionan y conducen a los trastornos del lugar; estos, a su vez, causan y explican los trastornos de la necesidad. Así sucede cuando, sobre todo en la infancia, la satisfacción espontánea de lo necesario queda alterada, lo que nos remite a una insatisfacción a menudo cronificada, que luego tratamos de compensar de muchas maneras, con estrambóticas carambolas y complicaciones en nuestros afectos y relaciones futuras. El niño no logra satisfacer su necesidad de amor, amparo, cuidado, pertenencia, reconocimiento y crecimiento, y entra en el paisaje de los caminos tortuosos e indirectos para conseguir amor, supervivencia y dignidad. Entra también en el paisaje del sacrificio por amor a sus padres.

Dicho de otra forma: cuando no se experimenta a los padres en su sitio, como grandes y dadores, los hijos no pueden satisfacer sus necesidades primarias de amor, protección, cuidado y desarrollo, aprendiendo de este modo patrones de apego disfuncionales que se graban física, emocional, cognitiva y neurológicamente. Esto pervierte el sistema de intercambio equilibrado y sano, el responsable y sabio dar y recibir, en los posteriores vínculos adultos, sin juegos psicológicos. A su vez, los trastornos de la necesidad de los hijos, si no son trabajados y transformados, causarán en el futuro trastornos del lugar cuando dichos hijos sean parejas y padres, y se reeditará la historia de forma repetitiva, como un flagelo, durante generaciones.

Los trastornos de la necesidad y su insatisfacción proveen del combustible para todo tipo de perturbaciones y caminos indirectos a la hora de articular el intercambio amoroso entre iguales, de ahí las complejidades y turbulencias en el universo de la pareja. Perturbaciones que se expresan, por ejemplo, así:

«¡Reclamo en lugar de tomar, y así me mantengo frustrado y puedo seguir reclamando!».

«Me tiro al suelo exigiendo que me levantes y hago que no lo logres para poder seguir tirado en el suelo.»

«Cuido de ti y te mantengo dependiente de mí, pero espero que nunca sea suficiente para poder seguir dándote.»

«No necesito nada, así que, aun deseando tu cercanía, te mantengo alejado de mí y así confirmo que no necesito nada.»

«Tú me adoras y me admiras para que pueda confirmar que soy adorable, y mientras lo haces, tú disfrutas de calmar tu dependencia e insignificancia, gracias a mí.»

¡Y mil etcéteras!

Los trastornos de la necesidad golpean especialmente a los hijos, pequeños e inocentes, cuando los adultos y padres a su cuidado no logran asumirse y comportarse como tales. Los niños aman de una forma espontánea y natural y se implican con la realidad que encuentran en su familia. Se trastorna la necesidad, por ejemplo, cuando un niño, en lugar de tomar de su madre el apoyo y el calor que necesita, se empeña en satisfacer él a la madre, a la que percibe carente o con escasa energía de vida. Toma un guion de salvador o ayudador, como diciendo: «¡En lugar de satisfacer mi necesidad, procuro no molestar y ayudo a mi madre!» (o «me conformo con poco», o «me vuelvo invisible», o «simulo que no necesito», o «me vuelvo muy obediente o rebelde», etcétera). El niño no solo trastorna su lugar por amor a la madre, sino que no satisface sus necesidades. Queda comprometido el flujo de la energía y de los dones, por lo que no solo sería un trastorno de la necesidad, sino también de la espontaneidad, de la naturalidad y del deseo del niño.

Conviene saber que dentro de cada uno y cada una de nosotros sigue viviendo ese niño o esa niña que fuimos y que se abrió camino, de la manera que pudo, en el escenario familiar al que fue a parar y pertenece. En el niño que vive en todos nosotros sigue bailando una dialéctica entre las heridas sufridas y las defensas que nos ayudaron a sobreponernos en su momento. Hay yoes heridos y yoes defensivos, y un espíritu interior que pugna por la dignidad, la integridad y el sentido. Cuando se dieron heridas muy graves, abusos muy crueles, golpes, amenazas, agresiones, abandonos, o incluso heridas menores, como faltas de respeto y comprensión, ayuda ir al encuentro imaginario de la criatura y decirle: «Vengo del futuro para decirte que hemos podido, que al fin todo ha salido bien. Miro con amor aquello que te tocó sufrir como niño y te abrazo y te tomo en mi corazón». Si el niño hubiera tenido el recurso y la información del futuro, tal vez habría transitado mejor algunos tramos borrascosos. Así que también este niño es una realidad a la que nos es necesario asentir.

Necesitamos, por tanto, realizar el proceso para integrar lo que al niño le hizo sufrir, le lastimó y le fue infligido. Ahora bien, a continuación, aunque suene duro, hay que decirle también al niño: «Pero ahora tienes que saber que no voy a permitir que sigas dirigiendo mi vida. No me conviene». Es decir, hay que confrontarlo también desde el adulto (una de las frases favoritas del repertorio del adulto es «me conviene» o «no me conviene»), porque el niño que conservamos dentro y se crio de esa forma sigue alimentando sus heridas y sus defensas, a las que guarda lealtad, distorsionando el presente con sus gafas viejas y generando profecías sufrientes de futuro. No solo hay un niño inocente y herido en nuestro interior, sino también uno tiránico y profético. Es tiránico porque toma el gobierno de la persona, colonizando su vida, en lealtad a las heridas infantiles, a aquello que sucedió en su sistema de origen, a lo cual permanece pegado. Es triste e increíble cómo, a menudo, la vida pivota sobre estas improntas de sufrimiento infantil y nos mantenemos leales a ellas. Este pequeño tirano debe ser cuestionado e interpelado para que suelte la dirección y permita que la persona se abra a vivir más en el novedoso presente. Por otro lado, es profético porque genera improntas corporales y cognitivas que determinan cómo ha de ser el futuro, es decir, profetiza lo que será, especialmente en sus relaciones afectivas y sentimentales, generalmente reeditando los viejos escenarios y danzas relacionales infantiles.

Cuestionar la dictadura de la infancia y sus profecías es un área de trabajo importante para eliminar el sufrimiento de nuestras vidas. Pero no es sencillo, pues nuestras ataduras son muy fuertes. No basta con comprenderlo y quererlo, hay que trabajarlo también. Y eso nos coloca en el proceso de revisar las dinámicas familiares, el lugar que tomamos en ellas y nuestras heridas de desamor. Me asombra encontrarme a veces con personas que quieren hacer una constelación familiar pero no trabajar consigo mismas. Me resulta un contrasentido. El valor de una constelación como herramienta de trabajo terapéutico se determina por el proceso de transformación y trabajo interior que impulsa. No es algo cerrado en sí mismo; más bien se trata de una sinfonía inacabada que irá dictando nueva música si trabajamos con nosotros mismos. Creo que en algunas personas existe la idea infantil, dirigida aún por el niño tiránico y profético, de que la constelación (o cualquier otra experiencia terapéutica) hará el trabajo sin que uno tenga que hacer nada. Incluso a veces la pretensión es mucho más acrobática: «Mira, yo quisiera cambiar esto porque no me va bien en la vida, pero ¿no podría hacerse sin que tuviera que cambiar nada en mí?».

Con suerte, en el trabajo terapéutico se comprenden mejor los trastornos del lugar y los laberintos de la insatisfacción de las necesidades, pero a continuación hay que desarbolar las viejas posiciones infantiles, cambiar y madurar. Mejor evitar que la terapia haga el juego a las personas alimentando, sin darse cuenta, a su niño tiránico y profético.

No es fácil cuestionar las profecías o los guiones. A veces están muy ocultos. Queremos que la vida nos confirme que las cosas son como decidimos que tenían que ser cuando éramos muy niños (de manera inconsciente la mayoría de las veces) aunque nos traigan malestar, por muy paradójico que pueda parecer. Las profecías son del tipo: «La mejor manera de sobrellevar los trastornos en la familia es hacerse muy grande» (o muy soberbio o muy importante). O lo contrario: «La mejor forma es hacerse invisible». O «el mejor camino es ser víctima», y asumes ese rol de víctima y haces que la vida confirme tu profecía con nuevas heridas que refuercen tu posición de damnificado.

Hay, pues, una adicción al victimismo que necesita ser confirmada, o una adicción a la grandeza o a la pequeñez o a la timidez o al temor o a la alegría compulsiva, o a lo que sea. Pero son profecías terribles, porque dificultan el movimiento libre de la vida. En el movimiento libre de la vida a veces somos grandes, a veces pequeños, a veces nos sentimos tristes, a veces alegres, a veces fuertes, a veces vulnerables, a veces confusos, a veces asustados... Y todas las vivencias, cuando no son compulsivas y no vienen de nuestro guion profético, son grandes recursos que la vida pone a nuestra disposición para bailar con ella. Para vivir lo que el momento requiera. La profecía se opone a este movimiento libre de la vida.

Este trastorno de la necesidad está sustentado también por el amor ciego, al que ya me he referido. Al no sentirnos amados, satisfechos y libres, entramos en lealtades ciegas con nuestros padres y sus cargas, penas y destinos de sufrimiento. Los trastornos del lugar de nuestros padres desembocan en la falta de amor y sostén experimentada por los hijos, pero aún más profundamente en el hecho de que los hijos se implican con ellos asumiendo cargas, que pueden tomar formas muy dramáticas: «Yo muero en tu lugar, querida mamá», «yo enfermo para que tú ganes fuerza», «yo cargo la culpa por ti», «yo te cuido como un padre aun siendo el hijo», etcétera. Es importante que se entienda esto: los problemas no solo proceden de la falta de amor, sino que, al mismo tiempo, el amor del hijo puede ser tan ciego y biológicamente *excesivo* que asume identidades, sacrificios, síntomas y enfermedades con la esperanza secreta e inconsciente de ayudar a los padres. El hijo, al no poder tolerar, soportar y respetar el sufrimiento de sus padres y seres queridos, se postula como una suerte de pequeño héroe que lo hará todo por amor a su familia.

El caso de Guillermo sigue sirviéndonos para ilustrarlo. En su infancia aprendió a no contar con su madre como fuente nutricia de amparo. La madre, tomada por sus traumas no resueltos, estaba en un sentido formal y funcional (incluso parecía que se desvivía por su hijo, como si tuviera que compensar algo, quizá su no estar genuino), pero no en un sentido emocional y vincular. El hijo sentía claramente estos huecos en la madre e inevitablemente se posicionó al respecto: por un lado, sentía que debía consolar a su madre y cuidarla, por lo que de manera imperceptible tomó esa dirección en los intercambios afectivos con ella; pasó subrepticiamente de hijo a cuidador, un lugar superior. Se definió por encima de la madre. Por otro lado, aprendió a empujar a las sombras de su conciencia su deseo de la madre, e interrumpió el flujo espontáneo y natural de su necesidad. En lugar de ir hacia ella cuando la necesitaba, aprendió a detectar cuándo su madre lo necesitaba a él. Experimentó, como compensación de su yo herido y frustrado, un yo orgulloso, agrandado y especial, pues se sentía relevante, especial y útil para su madre. Podríamos decir que también él estaba huérfano en cierto modo, asemejando su realidad a la de la hermana dada en adopción por la madre. Y, también, que la madre no podía darle mucho más que lo que le dio a la hermana donada. Con el objetivo de defenderse, había cerrado las compuertas a su necesidad y a su sentimiento de orfandad, empujándolo junto con su dolor al sótano de sí mismo. ¿Su profecía? Que en sus afectos él debe dirigir el tráfico afectivo y tener un lugar de dador, quedando sus necesidades arrinconadas o reprimidas; y que el otro, complementariamente, debe encarnar la figura de un problemático.

Trastornos de la presencia, la dignidad y el poder personal

Siguiendo la cadena de causalidades que estamos trazando, diré que los trastornos de la necesidad desembocan en el siguiente eslabón: el trastorno de la presencia o, si se quiere, del poder personal; una lacra muy dolorosa y, por otro lado, muy extendida.

Todos tenemos la capacidad de estar conectados con nuestro cuerpo de manera natural, de vivir asentados en el presente, de existir en sintonía, en verdad e intimidad con nosotros mismos y con los demás, de sentir la confianza con lo que la vida traiga momento a momento sabiendo que podremos y, sobre todo, de bailar con una atención plena con nuestros sentimientos y vivencias, asumiéndolos. Estamos presentes, vivos, reales, con tendencia al asombro y con una cierta espontaneidad y sentido del juego. En la presencia podemos ser lo que somos a cada momento y compartirlo con los demás, si así lo elegimos. Y podemos escuchar y respetar a los demás, de manera que sientan su derecho legítimo a ser como son en ese instante concreto, sea lo que sea lo que experimenten. Ahora bien, cuando la presencia y el poder personal quedan comprometidos, resulta casi inevitable un movimiento de fabricación e impostación de nosotros mismos y del mundo, abonado con ideas y creencias más sesgadas y bizarras que certeras. En lugar de vivir en nosotros mismos, nos falseamos y nos ausentamos de nuestra verdad y de nuestro centro. Fabricamos un personaje y nos alejamos de nosotros mismos.

En la primera parte del libro citamos a san Juan de la Cruz y su *Cántico espiritual*: «Mira que la dolencia / de amor que no se cura / sino con la presencia y la figura». ¿No deberíamos cultivar cada vez más la presencia como actitud natural en la vida? Estar aquí en lugar de ahí, estar ahora y no en otro tiempo, estar en la verdad y no en las ideologías, estar en la realidad y no solo en nuestros constructos mentales, estar en el flujo y no en lo paralizado. Habitarnos plenamente a nosotros mismos y sintonizar con el cuerpo y su sabiduría espontánea a cada momento; y habitar íntegramente la vida, amar la realidad como se manifiesta, siempre nueva, contactar con el amparo inquebrantable de nuestra conciencia que todo lo incluye, lo percibe y lo abraza en el flujo del presente continuo.

El trastorno de la presencia constituye un mal tan común que ni lo percibimos; estamos todos tan alienados de nosotros mismos y de nuestra naturaleza que la falsedad, el artificio y el desamor hacia nosotros y hacia la vida resultan tan obvios como normalizados. Es como si viviéramos en un país de ciegos donde nadie percibiera su propia ceguera, si acaso los niños inocentes y espontáneos capaces de ver al rey desnudo cuando todos los adultos fingen que va vestido con un traje esplendoroso, como relata la fábula del traje nuevo del emperador de Hans Christian Andersen.

En la presencia natural encontramos el poder personal, que poco tiene que ver con la competencia o con la imposición sobre los demás o, aún más escondida y dramática, sobre uno mismo. Demasiada violencia ejercemos contra nosotros mismos para tratar constantemente de ser distintos de lo que somos, o contra los demás para posicionarnos, desde nuestro guion «profético», en lugar de nuestra verdad del corazón. Sin embargo, encontramos el poder personal cuando estamos asentados en nuestro centro y, desde ahí, desarrollamos las acciones esenciales en el mundo.

Habitarnos, estar en casa, amar la verdad y ser honestos con nosotros mismos y con los demás serían atributos de la presencia y del poder. En ellos encontramos también el profundo sentimiento de dignidad, de ser dignos porque sí, por lo que hay y por lo que somos a cada momento, y no por lo que voces ajenas dictaminan sobre lo que debería haber o lo que deberíamos ser.

Concuerdo plenamente con Virginia Satir cuando describe el poder personal con sus cinco libertades:

> La libertad de ver y oír lo que hay, en lugar de lo que debería haber.
>
> La libertad de decir lo que se piensa y se siente en lugar de lo que se debería pensar y sentir.
>
> La libertad de sentir lo que se siente en lugar de lo que se debería sentir.
>
> La libertad de pedir lo que se quiere en lugar de tener siempre que pedir permiso.
>
> La libertad de correr riesgos por propia cuenta en vez de elegir estar siempre seguro y no perturbar la tranquilidad.

Es decir, la presencia, el poder y la dignidad significan yo estoy aquí, ahora, cerca de mí, estoy cerca de la vida que está en movimiento y que voy experimentando momento a momento. Dignifico mi vida cuando no me avergüenzo de lo que es ni la pervierto narrándola desde un guion victimista o grandilocuente o el que fuere. Me mantengo en mi dignidad, en mi poder, el poder de estar donde estoy, de no necesitar estar en un lugar distinto. En ello se asienta la plena autoestima, que se expresa como concordancia con lo que experimentamos en cada momento, no mediante una versión coloreada de rosa o de positividad —o de su contrario—. Demasiada gente dice quererse como si algo así pudiera ser una decisión conceptual. El amor a uno mismo se reconoce por cómo nos presenciamos y estamos honestamente con lo que hay, no como una idea. Algunos que afirman quererse parece que aman la idea de que se quieren, pero no logran ser apreciativos con ciertas zonas de sí mismos, que son empujadas al ostracismo de su subterráneo psíquico y de su inconsciente.

Esta presencia y este poder se ponen a prueba cuando hay vivencias interiores discordantes con nuestro guion profético, o ante hechos difíciles de la vida que no esperábamos. Cuántas veces habré escuchado decir: «Yo era un tipo fuerte y pensaba que la gente que padecía era débil y se lo montaba mal. Hasta que caí en un trastorno de ansiedad y busqué ayuda. Jamás pensé que pudiera sentir tanta fragilidad». O: «Siempre me identifiqué como alguien que no puede por sí mismo, presa de una gran dependencia. Pero, extrañamente, cuando mi marido me dejó por otra mujer experimenté por primera vez mi autonomía y, para mi asombro, surgió una fuerza desconocida».

La presencia y el poder personal consisten en el ejercicio constante de decir «sí, estoy de acuerdo con lo que estoy sintiendo, pensando, experimentando o expresando ahora». ¿Acaso la vida es estúpida? Si me estoy sintiendo triste, ¿es porque la vida se está equivocando, o tal vez es una asistencia, un recurso que la vida pone a mi disposición para que en este momento las cosas sean de esta manera y poder así metabolizar una frustración o pérdida? Lo mismo si estoy avergonzado o alegre o magnánimo o me siento idiota o desamparado... Todo tiene su momento bajo el sol, sin duda.

Una transformación simple, pero notable, que tendría una gran trascendencia en la vida de las personas y de las sociedades sería la de que pasáramos de una actitud existencial disyuntiva a una copulativa. Cópula, unión, integración, inclusión, son palabras que militan en la completitud e inmunizan contra la disociación y el sinsentido. La presencia es una gramática existencial copulativa, tanto con lo interno como con lo externo. Consideremos el poema de Rumi «La casa de los huéspedes»:

El ser humano es una casa de huéspedes:
cada mañana un nuevo recién llegado;
una alegría, una tristeza, una maldad;
cierta conciencia momentánea llega
como un visitante inesperado.
¡Dales la bienvenida y recíbelos a todos!
Incluso si fueran una muchedumbre de lamentos
que vacían tu casa con violencia,
aun así trata a cada huésped con honor,
puede estar creándote el espacio
para un nuevo deleite.
Al pensamiento oscuro, a la vergüenza, a la malicia
recíbelos en la puerta riendo
e invítalos a entrar.
Sé agradecido con quienquiera que venga,
porque cada uno ha sido enviado
como un guía del más allá.

Abandonemos la dialéctica entre lo uno *o* lo otro. Seamos atrevidos e ingresemos en la actitud de lo uno *y* lo otro. No listo o tonto, sino listo y tonto; a ratos. No es alegre o triste, sino alegre y triste; a ratos. No es el padre o la madre, sino el padre y la madre; en el hijo. Todo es bienvenido: lo que es, lo que somos, los que son.

La pura presencia es, por tanto, también asentimiento. Se trata del principio rector que subyace en los métodos terapéuticos que más practico: la terapia Gestalt y las constelaciones familiares. A veces me preguntan: «Pero ¿cómo te aclaras entre la Gestalt y las constelaciones?». Y les respondo: «Es muy sencillo, no les veo mucha diferencia». Es cierto que la Gestalt se especializa en trabajar con los asuntos y los personajes internos con el objetivo de que estemos más cerca de nosotros mismos, armónicos, congruentes, responsables, íntegros, mientras que las constelaciones se focalizan más en los vínculos externos. Pero lo de adentro va y viene con lo de afuera y viceversa. El enfoque inclusivo, copulativo, es común a ambos. Sí a esto y sí a lo otro, y a lo de más allá. Sí a mi aburrimiento, sí a mi alegría, sí a mi desesperación, sí a mi rabia. Sí a la pareja, a la expareja, al padre, a la abuela, sin importar lo que haya sucedido. Forman parte de la historia de nuestra vida. Sí a la vida que está en movimiento. Porque la vida es movimiento, nada se detiene.

Cuando las cosas están en movimiento no son un problema, son una experiencia. En cambio, las cosas que se paran se convierten en problemáticas y, como el agua estancada, hieden. Cuando, no queriendo estar tristes, dejamos de mirar la tristeza, por ejemplo, puede que empiece a degradarse en forma de ansiedad o de algún síntoma en el cuerpo. Y esto sí es un problema. Pero nada que esté en movimiento lo es. A lo sumo, el vaivén de la vida puede no ser agradable, pero también puede ser bienvenido.

Volvamos a Guillermo y su personaje de salvador, que comportaba superioridad y pseudograndeza. Su libreto parecía activado para detectar los problemas de los demás, más que sus talentos y potencialidades. Cualquier situación que le señalara su propia pequeñez y su necesidad la pasaba literalmente por alto. Pensaba de sí mismo que atesoraba una alta autoestima, como una persona capaz y cuidadora, sin percibir que estaba describiendo su propia esclavitud: la de tener que ser así siempre. Se trataba de una identificación con una autoestima conceptual, pues en verdad no era capaz ni de percibir ni de amar sus sentimientos de fragilidad o dependencia, ni el rostro del niño interior que se deprimía al sentir la ausencia de la madre, solo compensada por la hiperpresencia funcional y formal de esta. En suma, no era libre. Carecía de la presencia que le habría permitido respirar con amplitud y acoger todo lo que sintiera, que le habría hecho más libre para fluir con la realidad en lugar de pasarla por su filtro automático de salvador. Filtro que coloreaba su realidad, insuflando energía de las tramas emocionales de su infancia y dificultándole estar aquí, estar ahora, en el flujo de lo que la cambiante vida trae a cada momento.

Trastornos narrativos y de la explicabilidad

El gradiente de trastornos que vengo explicando continúa con los trastornos narrativos, los que se refieren a la manera específica en que construimos, explicamos y argumentamos nuestra realidad dentro de una narrativa y un andamiaje cognitivo que la justifiquen y la vuelvan aparentemente racional y previsible. Ausentados de nuestro ser, nos experimentamos y experimentamos el mundo desde la atalaya de nuestro personaje, con su explicabilidad y con el gobierno de sus ideologías. Como vengo diciendo, creamos argumentos y los defendemos como si fueran la verdad porque no comprendemos bien que son solo narrativas interesadas y alimentadas por nuestra falta de ser. Nos contamos y contamos a otros lo que nos conviene, lo cual no ayuda, pues nos aleja cada vez más de nosotros mismos y de nuestra realidad y de los verdaderos asuntos de la vida y de la historia familiar. Las familias, por ejemplo, suelen construir narrativas que distorsionan la verdad por el procedimiento de magnificar algunos hechos y personas, y excluir, detestar o empequeñecer a otros y otras. Lo vimos en el caso del abuelo elevado a mito por sus medallas en la guerra, cuando al mismo tiempo no había mirada ni compasión hacia los que perdieron la vida. Las buenas narrativas incluyen a todos sin excepción, se asientan más cerca de los hechos y abren caminos y posibilidades, en lugar de mantenernos limitados y ficticios.

No hay duda de que los humanos somos seres narrativos, además de mamíferos y vinculares. Disponemos de un córtex racional lingüístico que nos permite tomar distancia de la realidad de nuestras vivencias y elaborarlas, explicarlas, dotarlas de sentido, decorarlas, disfrazarlas, ficcionarlas con el objetivo de metabolizar y encauzar mejor nuestros procesos emocionales y orientarnos a la dignidad y a la supervivencia. Si no dispusiéramos de este cerebro más moderno solo podríamos procesar lo que sucede en términos del sistema nervioso límbico o emocional, y del reptiliano instintivo, lo cual nos asemejaría, para bien (estaríamos en el aquí y ahora) y para mal (seríamos incapaces de planificar y elaborar) con nuestros hermanos animales, que carecen de lenguaje y de cronos.

Sea como sea, los seres humanos no solo vivimos en la realidad, sino en el relato. Hacemos que entre nosotros y la realidad medie una narrativa que la describe y la tiñe con el filtro que nos es posible o que más nos conviene. Sin embargo, generalmente, dicha narrativa tiene poco de racional, ya que se asienta en combustibles emocionales que alimentan y sostienen nuestras creencias, valores y puntos de vista. Por eso, entre otras razones, es tan difícil entendernos entre las personas: porque nuestras creencias son más locas que cuerdas (no pueden ser muy cuerdas si estamos dispuestos a matar por ellas o a ganar enemigos por defenderlas). Escucho a menudo, por ejemplo, la frase «no es normal» para referirse a comportamientos o ideas de otra persona que no encajan con los de aquel que la pronuncia, con el agresivo agregado de meter en el saco propio a la masa crítica que determinaría la supuesta normalidad.

Vivimos, pues, en el relato, palabra de moda hoy en día. Se habla mucho de relatos, narrativas, *storytelling*, discursos, puntos de vista, tergiversación, manipulación, *alternative facts*, *fake news* o posverdad, cuando a menudo todo ello enmascara las técnicas de agitación y propaganda tan gratas a los adictos al poder. Todos ellos son términos que aluden a cómo la realidad es objeto constante de burla, falseamiento y traición por parte de agentes a los que conviene que impere su relato. En mi opinión, no hay duda de que estamos inmersos en relatos colectivos, sociales, políticos, económicos, familiares, personales e íntimos que configuran el paisaje de potencialidades, estilos y maneras de vivir dentro de un contexto dado. Pero suelen albergar, al mismo tiempo, algo de opresivo, y alimentan al idiota que hay dentro de cada uno, al que a menudo nos interesa cultivar. En cierto modo, estamos infradesarrollados si solo nos mantenemos en el relato, en los juicios y prejuicios, y perdemos el acceso a lo contemplativo silencioso a la par que no nos desarrollamos más como juncos flexibles.

Como ejercicio, podríamos tratar de recibir contemplativamente a alguien con quien estamos reunidos, escuchando de verdad y poniendo entre paréntesis nuestros juicios y prejuicios sobre esta persona. Descubramos qué acontece cuando lo hacemos. ¿Qué sucede en ti y cómo ves al otro? O, ante algún problema que tengas en tu vida,

¿cómo sería mirarlo y encararlo aconceptualmente, solo contemplativamente? No digo que no pienses en absoluto, pero intenta pensar con el corazón o con el vientre. Si el verdadero desarrollo es el amor, este no viene envasado en relatos y conceptualizaciones, sino en silencio: algo natural del corazón.

Hay que procurar que el relato incluya la realidad en lugar de alejarnos de ella, que la integre, la respete y la vuelva masticable y digerible, que no se convierta en una enorme tela de araña que nos envuelve y nos atrapa. Evitemos ser canibalizados por nuestro relato, que sustituye a la presencia o viene precedido por un trastorno de la presencia y alimentado por el viejo combustible de nuestras tramas emocionales no resueltas y de las necesidades no satisfechas. El mal relato es aquel que no contiene amor y nos separa de los demás. Podríamos decir, en términos míticos, que la famosa expulsión del paraíso acaece cuando comemos del árbol del bien y del mal, al que también podríamos llamar el árbol del relato, de la separación de los unos respecto a los otros. La pérdida del paraíso es el tránsito de la vida vivida a la vida relatada.

En esta línea, dos vías nos asisten en la dirección del bienestar (o, dicho de otro modo, de la ausencia de sufrimiento): en primer lugar, ser consciente de que todo relato es solo eso, y no tomarlo tan en serio, incluso dudar de él o cuestionarlo, porque sabemos que suele deformar la realidad. Muchas terapias trabajan en esta dirección, discutiendo nuestras creencias y reconstruyendo y flexibilizando aquello que nos explicamos. En segundo lugar, aprender a tejer relatos inclusivos, traslúcidos, donde uno se muestra en su franqueza y no se esconde, respetuosos con la realidad y, sobre todo, fraternales, que no generen bandos ni enemigos. ¿Cuántos relatos políticos, sociales, familiares, personales, etcétera, conoces que no incluyan un nosotros los «buenos» y un ellos los «malos»? ¿Cuántos conoces en los que todos salven su cara, sean dignos y tengan un buen lugar? De hecho, si nuestro relato está inspirado y aromatizado por el lugar interior del no relato, de la mente contemplativa, se reconocerá por traer paz y fraternidad. Quizá por todo eso Nietzsche postuló una dimensión más allá del bien y del mal, así como la muerte de toda ideología.

Narramos la vida conforme a nuestra profecía, es decir, envolvemos nuestra realidad en brillantes argumentos para mantenernos en el lugar en el que estamos. Estas narrativas, estas explicaciones que nos damos sobre por qué somos como somos o por qué nuestra vida es como es, constituyen una de las áreas de intervención terapéutica para abordar los problemas que padecemos. ¿De dónde vienen? ¿Cómo fueron creadas? ¿En qué experiencias históricas de nuestra vida se insertan? Sucede que nuestra vida se apoya en ciertos argumentos sobre por qué las cosas tienen que ser como son. Si escuchas, por ejemplo, a una persona con una profecía infantil de víctima, te das cuenta de que mataría por mantener dicha posición, envolviéndola de sólidas razones y convincentes narrativas, en las cuales la vida se porta mal con ella y le hace daño. Por este motivo, me gusta decir que somos desgraciados, sí, pero con brillantes argumentos... Y somos muy buenos en perpetuar nuestros puntos de vista en lugar de cambiarlos.

Toda narrativa es una ficción, una ficción que con suerte abre caminos de vida y con menos suerte los cierra. Las buenas narrativas crean recursos, esperanza y caminos nuevos. Las malas, en cambio, son cuentos que nos contamos, nos constriñen y nos cierran caminos vitales, derivando a menudo en ideas locas que nos parecen plausibles, porque cumplieron en su momento la función de mitigar o hacer más soportable la herida.

El riesgo, en cualquier caso, es quedar aprisionado en la propia narración, en la propia explicabilidad, y dar preferencia al relato frente al vivir. Hay que elegir entre vivir o relatar, morir viviendo o morir por la fabulación. Mejor dicho, entre vivir la vida o estar medio muerto, pegado al relato y las ideologías. De ahí la importancia de ajustar nuestras leyendas a la realidad, pues cuando logramos hacerlo nos mantenemos en nuestra presencia, poder y dignidad.

Algunos terapeutas fomentan en sus pacientes una excesiva explicabilidad, con mapas y teorías sobre sí mismos, como una alternativa a su impotencia profesional, sobre todo cuando no logran sembrar y ayudar a desarrollar en ellos el poder y los recursos que necesitan para enfrentar sus problemas y transformarlos. Las explicaciones a veces son como chupetes o consuelos, generan la ficción de que sabemos, aunque no sepamos cómo cambiar. Es cierto que interpretar u ofrecer significados alternativos para flexibilizar el armazón argumental del paciente ayuda, pero una explicación no es siempre un movimiento de solución y de vida. No creo que ayude mucho que los pacientes tengan muy buenas y nuevas ideas de sí mismos y de su historia si su vida sigue igual. Es más importante un gramo de novedad en la realidad que mil kilos de teorías sin acción. Por eso el buen relato nos conduce siempre a alguna buena acción, lo cual a menudo nos transforma. Cuando los terapeutas no sabemos más y la terapia no logra ayudar al paciente, podemos caer en la tentación de explicar con brillantes teorías la razón de su sufrimiento. Entretenemos al paciente, pero no lo ponemos más cerca de encarar e integrar su realidad y sus soluciones. Lo encerramos en la máquina del pensar y lo alejamos del vivir. En terapia Gestalt, su creador, Fritz Perls, denominaba *bullshit* (rollo, tonterías) a esa verborrea y a las cabriolas narrativas que nos alejan de nuestra experiencia y de la verdad del aquí y ahora.

Las narrativas frenan la vida porque agreden el ahora. Si te sientes fuerte, siéntete fuerte ahora, pero no hace falta que te inventes una identidad de persona siempre fuerte. Si te gusta ir en bicicleta, ve en bicicleta, pero no hace falta que te inventes una identidad de ciclista. Si ganas un millón de dólares tampoco es necesario que te inventes una identidad de triunfador o de rico. A lo sumo, como hemos visto, las identidades son trajes o vehículos que nos llevan de aquí para allá, pero no son el centro de nuestro ser.

En sintonía con esa posición de salvador desarrollada respecto a su madre, Guillermo fue creando, sin ser consciente de ello, un relato interior que describía el mundo como un lugar de necesitados y sufrientes en danza con los ayudadores y los generosos. Él se ubicaba entre estos últimos, los buenos samaritanos entregados a localizar almas descarriadas para auxiliarlas. Su impronta emocional con la madre estaba muy clara: trataba de llenar la sequedad de su corazón y de aliviar la profunda tristeza de su rostro.

Todos necesitamos ayuda en algún momento, y todos la dispensamos, forma parte del juego relacional. Pero el relato de Guillermo era muy rígido: la realidad estaba compuesta por salvadores y salvados. Y para un salvador es difícil una buena relación con alguien que permanece autónomo, a cargo de sí mismo y toma sus propias decisiones afectivas. No sabe en qué lugar situarse ante esta persona ni cómo relacionarse íntimamente con ella. Y encoge de manera grave su espacio experiencial. Así que, cuando su pareja decidió terminar su relación afectiva, quedó estupefacto y entró en negación, como diciendo: «¿Cómo es posible que alguien dirija el tráfico afectivo de mi vida y no sea yo?». Esta era una de sus ideas más locas: que él gestionaba y dirigía los movimientos afectivos con las personas que le importaban. Su demanda terapéutica fue muy clara: «Hace dos años que mi pareja me dejó y no he avanzado ni un milímetro en mi duelo. Sigo pegado irremediablemente y no estoy en absoluto libre para otra relación, lugar que desearía alcanzar».

Podríamos decir que el hecho de que su pareja lo dejara puso en evidencia su montaje y le tocó en un lugar muy central. Lo cual es habitual: muchas crisis de pareja, o de otro tipo, cumplen el propósito de desmontar nuestros relatos y posiciones afectivas y son grandes oportunidades para encarar las propias sombras personales y familiares. Quizá convenga pensar jocosamente que Dios nos regala lo que no queremos porque lo necesitamos.

En el caso de Guillermo, su pareja se debió de cansar de lo que podríamos llamar su «exceso de amor», capaz de detectar todas las necesidades de ella y satisfacerlas, sin comprender que, de este modo, la volvía pequeña y la definía como dependiente y problemática. Se cansó de estar en ese lugar y en un acto de autonomía decidió separarse. Él quedó quebrado, confuso, con sensación de irrealidad, pues lo normal para él era dirigir lo afectivo, como hacía con su madre desde su ficción de hombre cuidador. Su código de creencias comenzó a hacer aguas y tuvo que empezar a bucear en las antiguas tramas con la madre, en su vivencia de no haberse relacionado adecuadamente y en su sacrificio amoroso por ella para llenar sus carencias, y ampliar así el espacio de su presencia y transformar su tan parcial narrativa.

Trastornos del sentido

Por último, el fondo más lacerante de la desdicha humana se encuentra en el paisaje de los trastornos del sentido. Y podríamos decir que, debido a graves trastornos del asentimiento —que ocasionan graves trastornos del lugar, que causan tremendos trastornos de la necesidad y luego de la presencia y después de la narrativa—, se llega a un sinsentido existencial que, en ocasiones, puede dar lugar a tristes destinos como el suicidio, la autodestrucción —con tóxicos u otros—, las enfermedades mentales, depresiones fuertes o comportamientos violentos. Lugares, todos ellos, en los que el alejamiento de nosotros mismos se ha vuelto tan grave que morir o matar no importa tanto, y la conexión espontánea con el goce de vivir ha quedado dramáticamente comprometida y opaca.

Esta cadena de deformaciones de lo que sería un ideal de salud y bienestar toma al fin el rostro de un profundo mal o enfermedad espiritual: la pérdida de conexión con el sentido. Todos los intentos para orientarnos en el laberinto de la narrativa, para sobreponernos a la necesidad frustrada o a la inocencia violentada, para encontrar el propio y tan anhelado lugar en el mundo y en la familia y para mirar a los ojos de la verdad escondida de los hechos fracasan y aparece el abismo. Es el paisaje de la desolación interior, la enfermedad mental, los comportamientos autodestructivos o heterodestructivos, el suicidio y el profundo vacío infértil, que no es ni siquiera carencia (esta tiene, al menos, vida y anhelo), sino ausencia de sinapsis y deseo hacia el mundo o hacia uno mismo. Ahí es donde muchas personas experimentan la desconexión con la vida. Es un gran padecimiento saber que uno está en la vida y al mismo tiempo sentirse exánime, exangüe, desconectado, en la nada de la nada, como si las cosas siguieran sucediendo pero uno no participara o no vibrara con ellas. La música sigue sonando, pero los oídos se han taponado con cera y la mente se ha intoxicado con palabrerías inútiles y el cuerpo se ausenta de sí mismo. Las melodías a través de las cuales la vida baila quedan obstruidas para la propia danza.

Hace un tiempo cayó en mis manos un libro de William Blake, *Ilustraciones al Libro de Job*. En la Inglaterra de finales del siglo XVIII y principios del XIX, Blake fue una peculiar amalgama de poeta, artista y místico que recreó un imaginario mitológico, religioso y profético propio. En la primera ilustración del libro se ve a Job y a su mujer e hijos, inclinados, leyendo el libro de las Sagradas Escrituras. Detrás de ellos se encuentra el árbol de la vida, del que parece que se mantienen distantes, con sus ramas repletas de instrumentos musicales: violines, trompetas, flautas, arpas, etcétera, como si fueran abundantes frutos. No deja de ser un símbolo sumamente expresivo: que estén de espaldas al árbol de la vida y su música, leyendo las Sagradas Escrituras, significa que la vida queda detenida, agonizante, encerrada en códigos, imperativos y reglas. Podría parecer que la música y el espíritu de la vida quedan mutilados, envueltos en pura letra. Sin embargo, al final del viaje transmutador, en la última lámina, Job, su mujer y sus hijos ya no leen los libros de la ley, sino que forman una especie de orquesta donde todos tocan algún instrumento. Al parecer, Job ha entendido la propuesta divina por encima de la ley sagrada. Han bajado los instrumentos del árbol de la vida e interpretan la música al son de la cual bailamos. Las tablas sagradas de la ley, sean del orden que sean, son humanas, son narrativa, y nos apartan de Dios, y por tanto del sentido, que no deja de ser pura conexión con el espíritu. Somos seres danzantes. «La letra mata, pero el espíritu da la vida», escribió William Blake.

En un nivel, percibimos el sentido en vivir para algo, en levantarnos por las mañanas y ocuparnos de algo o de alguien, o seguir un propósito que nos anima, que nos llena e impulsa el alma. Como el magisterio del hombre que, con noventa y seis años, está plantando un ciruelo, imaginando las ricas ciruelas que dará y que él u otros comerán. O como el célebre Viktor Frankl, que creó la logoterapia o terapia del sentido después de haber sobrevivido a los campos de concentración nazis y a la muerte en ellos de su padre, su madre y su mujer embarazada. Aunque suene increíble, para sobrevivir Frankl trató de encontrar sentido en el propio sufrimiento y en las penurias de un devenir tan amenazante; también con imágenes de futuro y propósito, en las que se veía a sí mismo, cuando se terminara la pesadilla y fuera de nuevo libre, dictando conferencias y enseñanzas sobre la psicología de los campos de concentración y las situaciones de vida y muerte extremas. Cuán importante resulta para el sentido mantenerse en la esperanza de que algo nuevo puede empezar y alguna cosa puede cambiar.

Pero en otro nivel, la conexión con el sentido es para muchos el enlace con lo trascendente, con lo divino, con lo que queda en el más allá de uno mismo. Nadie sabe bien en qué consiste, pero casi todos tenemos la intuición de algo más grande, de un espacio de misterio, omniabarcador y omnisciente, como una fuerza o latido en el que, a pesar de la muerte, o quizá gracias a la muerte, todo tiene sentido. De ahí venimos y eso nos sostiene.

Me gusta preguntarme, más allá de todo decorado o postulado espiritual: ¿será que este amparo en el sentido y el espíritu lo hallamos en la sintonía con ese algo creativo que hay entre los padres, que no es el padre, que no es la madre, sino aquello que los unió para tejer la vida de cada hijo? En el sentido más aterrizado y sencillo posible,

¿no podríamos pensar que lo que nos ampara y nos da sentido, a pesar de los pesares, incluso cuando las cosas van mal dadas, es justamente la conexión interior con los padres y sobre todo con esa fuerza creativa que los tomó como vehículos creadores de nuestra vida? Se abre la puerta de lo trascendente en el reconocimiento y la rendición ante este algo más grande que nos trasciende, a nosotros y también a nuestros padres, en una línea hasta el infinito ancestral. Esta fuerza es la representante de la vida para cada uno de nosotros y la plena sintonía con los padres, además de la fuente que nos dota de sentido también en los tramos inclementes. La sentimos ahí, un poco por detrás y en medio de los padres. En esta conexión experimentamos el sentido de la vida. Sentimos que, a pesar de lo que suceda, hay una conexión básica y el fuego sigue encendido. Por eso es tan importante en constelaciones y en el trabajo terapéutico encontrar un buen lugar respecto al padre y a la madre y darles la honra, haya pasado lo que haya pasado, al menos como vehículos providenciales de la vida, y generalmente por muchas más cosas. Abriéndonos a aquello que los unió, la trepidante, lúcida, tierna, vertiginosa, creativa música de la vida. En conexión con esta música nos sentimos seguros y en casa.

El trastorno del sentido resulta, pues, de una desconexión respecto del espíritu vivo de nuestros ancestros y del fuego que se ha ido transmitiendo gracias a este dios creador. Si experimentamos esta sintonía con ellos es más difícil descarrilar y más fácil sobreponerse de los embates duros. Este sentimiento se conserva con viveza en tradiciones y contextos más tribales y comunitarios, que se sienten en unión viva con el espíritu y la fuerza de los anteriores. Esta fuerza es el pegamento espiritual. La forma más aterrizada y simple de espiritualidad yace en la conformidad agradecida, amorosamente existencial, cuando no emocional, con la manera como la vida nos ha sido legada.

Cuando se pierde el sentido, que significa la clara convicción de que la vida es buena y valiosa en todo momento y situación, se pierde el valor de la vida y, como decía, ya no importa morir o matar. Lo valioso del vivir queda en entredicho. Pero el sentido lo perdemos como desembocadura de una cadena que empezó oponiéndose a lo que la vida quiso, se manifestó luego en pérdidas del lugar, afectó a continuación al sano recibir y a la presencia que sostiene el poder personal, determinó fabulaciones bizarras y por último condujo a las simas más profundas del malestar humano, desconfiando de la creación y nutrición de nuestros anteriores o implicándose con los lugares familiares no resueltos.

Compiten constantemente en nosotros la búsqueda del sentido y de integridad con el sinsentido que nos producen las dolorosas y enfermas tramas de la vida, así como la muerte, siempre acechante. Importa escalar un poco tratando de encontrar la vivencia de lo sagrado en todo lo que existe, ya que nos eleva y nos aterriza al mismo tiempo. Que la muerte nos pille viviendo el ahora y sintiendo que hemos vivido una vida con sentido.

Acabemos este apartado visitando de nuevo a Guillermo. El suyo no es un caso extremo que traspase la frontera del sentido y le haga descender al infierno de faltarle al valor de la vida. La separación lo impulsó a trabajar sus trabas emocionales, a tomar conciencia del gran hecho doloroso de su madre, con la violación y la entrega de la hija anterior. En su trabajo de constelaciones vio escenificada a su hermana y el destino que le tocó, y también al violador, y la vida triunfal detrás de todo, manejando los hilos a su caprichoso antojo. Pudo reconocer cómo ciertas vivencias profundas de temor al abandono, que siempre habían yacido en su interior, guardaban resonancias con lo que pudo sentir su hermana al perder el contacto con su madre y ser dada en adopción. También observó otras vivencias apenas reconocidas de autodesprecio que se hacían presentes en su cuerpo, quizá consecuencia del rencor y desprecio que la madre experimentó hacia el violador, hacia sí misma y hacia su propia historia. En el fondo, pudo respetar el destino de su madre y, esencialmente, volver a sentir la conexión con su padre, opacada por el hiperprotagonismo de su madre. Y, sobre todo, pudo imaginar el fuego que unió al padre y a la madre, fuente y espíritu creativo, y sentirse abarcado en él, y, junto con él, albergar en su cuerpo la fuerza de sus ancestros. ¿Recuerdas?, somos fueguitos...

LIBERARNOS DEL SUFRIMIENTO (APUNTES PARA UN MODELO DE TRABAJO)

Soy el poeta del Cuerpo y el poeta del Alma,
los goces del cielo están en mí y los tormentos del infierno
[están en mí.
Los primeros los injerto y los multiplico en mi ser,
[los últimos los
traduzco a un idioma nuevo.

WALT WHITMAN

Que llegues a ser quien eres.

PÍNDARO

Aquí y allá, en distintos talleres terapéuticos, he propuesto en ocasiones un ejercicio en distintos pasos, basado en las ideas que contiene este libro. El propósito siempre ha sido encontrar una mayor orientación y resolución para aquello que les resulta difícil y problemático a las personas que buscan cierta luz o alivio de su sufrimiento.

Está claro que los seres humanos no deseamos sufrir y sí crecer, desarrollarnos, ser capaces y experimentar que podemos con lo que la vida nos propone o con lo que nosotros le proponemos a ella. Queremos estar bien, liberarnos del sufrimiento. Cuando publiqué *El buen amor en la pareja*, en distintos países los periodistas insistían en preguntarme sobre el secreto del bienestar, así, en modo recetario, a lo que yo respondía, jocosa y quizá provocativamente, que no les iba a hacer gracia mi respuesta, que finalmente les ofrecía: «Saber vivir el dolor cuando llega, y saber soportar y acoger los sentimientos desagradables que nos visitan como parte del juego de la vida, al menos en igual medida que los agradables». Cierto es que saber vivir los sentimientos difíciles es más asequible cuando tenemos una estructura interior, o familiar o social, de amparo y sostén.

A lo largo de este libro lo hemos expresado de muchas maneras, insistiendo en la importancia del asentimiento y la apertura a la realidad. Esa realidad a veces es incómoda, difícil o adversa, pero el secreto del bienestar, la fórmula para liberarnos del sufrimiento, es, en pocas palabras, sostener todos los sentimientos, y sobre todo el dolor cuando las cosas duelen, acogiéndolo como un huésped más y dejándolo vivir dentro de nosotros. El dolor abrazado sigue siendo dolor, pero duele menos porque ya no es algo que pretendemos parar y evitar, sino una vivencia que tiene movimiento y vida y puede transformarse. De alguna manera pretende ocuparse de uno, opera como recurso. Y persigue nuestro bienestar, por muy paradójico que pueda sonar, lo mismo que el resto de nuestras emociones.

Una querida amiga, terapeuta humanista especializada en duelo, Paloma Rosado, escribió un libro estupendo titulado *El poder del dolor* y me pidió un prólogo. En él escribí:

> Nos las veremos con las crisis, las zozobras, los abandonos, las pérdidas, los quebrantos, las contrariedades, las muertes. Pero una noticia bella es que la propia naturaleza nos provee de la capacidad para transitar los malos momentos y las pérdidas sumergiéndonos —y sumergiendo nuestro cuerpo— en el caldero alquímico del dolor. Viva pues el dolor como recurso, con todos sus matices y corolarios emocionales. Viva el dolor como barco que nos habrá de llevar de la orilla de la devastación a la orilla de la transformación, arribando con suerte un poco más bañados en luz y sabiduría, incluso amor. El dolor tiene mala prensa, poco prestigio, desagrada. La prepotencia racionalista y cientificista frente a la naturaleza quisiera vencer el dolor y hacer de la vida un asunto seguro, reglamentario, afrutado. Es decir, solo parcialmente humano. Pero la sa-

biduría no crece en el intento de parcelar la vida y querer tomar únicamente las copas del goce y llenarlas con chucherías dulzonas. Crece cuando enfrentamos y miramos a la cara a los grandes asuntos. Y quizá el más grande de todos ellos sea la muerte. Aunque François de La Rochefoucauld expresó en una de sus máximas que «ni el sol ni la muerte pueden ser mirados fijamente», tampoco conviene enterrar nuestra mirada bajo la arena, y si no podemos mirar directamente a la muerte, hagámoslo al menos de soslayo, con el mayor respeto.

Espero que lo que viene a continuación no resulte un manual de instrucciones o una burda y banal guía para dejar de sufrir, sino una propuesta de trabajo con uno mismo, humilde pero honda; un modelo abierto, no un guion cerrado. Para darle coherencia lo he ordenado en pasos, pero confío en el buen criterio de cada cual para reflexionar sobre el proceso y encontrar su preciso ajuste.

Una meditación para comenzar

En los talleres que dirijo suelo proponer, al inicio, meditaciones para ayudar a centrarse, enfocar los asuntos propios que reclaman atención, ver con mayor claridad y traer conciencia al aquí y ahora. Con este propósito, sugiero aquí empezar con esta meditación:

Siéntate cómodamente con las manos reposando sobre las rodillas y las palmas mirando hacia arriba. Ahora déjate caer dentro de ti y focaliza la atención en la respiración, en la conciencia de la respiración. La respiración es un puerto seguro, en ella estás en casa. No la haces tú, simplemente ocurre. No respiras tú, más bien eres respirado. No vives, eres vivido. Observa si hay algún estado emocional predominante, si experimentas alegría, tristeza, ansiedad, miedo, enojo, dudas, etcétera. Sea lo que sea, reconócelo y hazle espacio. No trates de cambiar nada de lo que es y sientes a cada momento. Todo es bienvenido. No rechaces nada, ni siquiera el rechazo que puedas sentir...

Ahora trata de poner voluntariamente el foco en algo que estés viviendo en estos tiempos como problema, sea de salud, de pareja, profesional, con los hijos, con los padres, con los hermanos, contigo mismo, etcétera. Cualquier cosa que sientas que es un problema u obstáculo. Si no tienes un gran problema, quizá puedas pensar en alguna dificultad que esté perturbando en alguna medida el discurrir de tu día a día.

Cuando lo tengas, te invito a que hagas el ejercicio imaginario de situar y evocar ese problema en la palma de tu mano izquierda y observarlo. Permite que aparezcan imágenes, sensaciones físicas (a veces tan difíciles como interesantes), sonidos, voces, diálogos, olores, impresiones táctiles, etcétera, que reflejan tu particular modo de construir y experimentar el tema. Todo proyectado en la palma de la mano. Recréate durante unos instantes en la vivencia del problema, en cómo lo experimentas en este momento de tu vida, en aquello que te duele, que te produce incomodidad, que te resulta difícil de encajar o apreciar, que te confunde, que te atormenta, que te mantiene en la indecisión o lo que sea. Observa de qué está hecho el problema, qué ingredientes lo componen, qué sensaciones alberga, qué argumentos tiene, qué imágenes te activa, a qué personas involucra y en qué contexto se enmarca. Permite que se amplíe como si usaras un zoom de aumento.

Sé que es un poco difícil, pero intenta fabricar conscientemente un poquito de cariño hacia tu problema. Aunque duela o cueste, aunque sea difícil, intenta crear una buena mirada hacia él, incluso una mirada amorosa. Trata de imaginar, si puedes, que el problema no es un enemigo, sino un asistente, un mensajero, una prueba o vivencia más en tu camino. Trata de desarrollar un poquito de ecuanimidad, un tanto de aprecio, pese a la dificultad, como si te pudieras identificar un poquito más con tus ojos que miran y no tanto con lo que perciben, es decir, con el testigo que observa, con ese espejo que es la conciencia en ti, que solo refleja las cosas, que no experimenta rechazo ni apego, que no atrapa nada ni repele nada. Un espejo que acoge todo lo que sucede tal como es. Un silencio por detrás o por encima de todas las palabras, sensaciones e imágenes.

Siguiendo con el ejercicio, te sugiero que pongas ahora la atención en la palma de tu mano derecha. Trata de poner ahí lo que deseas para tu futuro, lo que experimentarás cuando el problema cese y haya quedado atrás. ¿Qué será distinto en tu vida cuando esto ocurra? Crea una imagen de tu anhelo, de tu expectativa. Fabrica tu futuro. Evoca lo venidero cuando ya haya pasado este presente problemático. Procura convocar ahí imágenes, sensaciones, sonidos, palabras, olores, etcétera. No te quedes en buenas intenciones como ser más feliz o tener más paz o autoestima, enséñale a tu cerebro cómo se plasmará esa realidad en tu día a día. Sé específico y muy concreto. ¿Quién serás tú ahí? ¿Cómo es tu vida concretamente en este tiempo que vendrá? Observa ese futuro. Puede que sientas ambivalencias: «Vivo en el campo o en la ciudad», «permanezco casado/a o no», «quiero amar a mi madre, pero le guardo resentimiento», etcétera. Puede que evoques en tu futuro conflictos que persisten. Está bien. Pero, por encima de eso, trata de formular, en sintonía con tu sabiduría más honda e íntima, aquello que sientes que te hará bien para tu camino y progresión en la vida. Como sugiere Joseph Campbell, «persigue tu bienaventuranza».

Así que en tu mano izquierda has recreado el problema, lo que te duele y es difícil, lo que te obstaculiza o te hace sufrir; y en tu mano derecha las imágenes de lo que sería la solución, el futuro, algo diferente y nuevo. Ahora gira las palmas de tus manos para que se encaren, una frente a la otra, e imagina que el problema y la solución, lo que vives como problema en tu presente y lo que fantaseas como solución y deseo de futuro, se miran. Imagina que los pones en relación. Y que sientes esa dialéctica y esta danza entre los dos. Sientes el peso, la energía y la impronta de una y de otra, de lo que te molesta o te es difícil, pero también de lo que te libera de esa molestia o dificultad. Siente tu mano izquierda como el pasado y la derecha como el futuro.

Trata de descubrir si hay alguna resistencia para convertir el problema en solución, si algo se opone dentro de ti, si hay obstáculos a lo bueno que está por venir. Nota si, aun queriendo algo distinto, sientes que una parte dentro de ti necesita mantenerse atada a lo problemático, a lo que vives como doloroso, zozobrante o difícil. Pregúntate: «¿Alguien dentro de mí se opone a la solución y al futuro que quiero para mí?». «¿Qué me mantiene atado/a a lo problemático?» O bien: «¿Qué necesito soltar, reconocer, liberar, generar, etcétera?». O también: «¿Qué lealtad o qué atadura del corazón necesito soltar para acoger lo que viene? ¿Cómo puedo llegar ahí, qué recursos y decisiones necesito activar?».

Cuando empieces con esta dialéctica, con estos movimientos internos, con esta confrontación contigo mismo/a, pueden aparecer de pronto ciertas verdades molestas. Por ejemplo, no conseguías tener una pareja y te das cuenta de que una parte de tu cuerpo no está disponible, que se mantiene atada a la madre o a una pareja anterior, por ejemplo. O que quieres tener salud, pero la enfermedad es una forma de ligazón con alguien que perdiste o te da poder en el seno de alguna relación, quizá con tu pareja o tus hijos. Quieres expansión profesional y más riqueza, pero temes ir más allá de tus orígenes humildes y te cuesta asumir la extraña culpa que te produce. Etcétera. Es ahí, en esa dialéctica, donde empieza el trabajo interior contigo mismo. No trates de forzar ninguna solución, ni siquiera de buscarla. No empujes el río, solo trata de reconocer cómo fluye y sentir mejor cómo son las cosas dentro de ti. Busca tu verdad tal como es ahora. Ahí estás en casa, y puede comenzar un nuevo proceso.

Para terminar, te invito a que lleves las dos manos, tu problema y tu solución, hacia tu pecho, cerca de tu corazón, y se junten. Siente la energía de los dos, como si problema y solución, o dolor y deseo, pasado y futuro, se unieran cerca de tu pecho y juntos le pidieran al corazón: «Dame una señal para el siguiente paso en mi camino». Puede ser un objeto, puede ser una palabra, puede ser un símbolo, puede ser una comprensión. Déjate sorprender, todo lo bueno viene del corazón y del dictado de un alma o sabiduría mayor yacente, que está esperando su oportunidad. Permite que la sabiduría del corazón te regale algo, te ilumine algo, te facilite quizá una sintonía con algo más grande que te cuida a su manera...

Cuando sientas que es suficiente, que llevas contigo un foco o una mayor comprensión acerca de tu realidad, vuelve a colocar las manos sobre las piernas y respira calmadamente.

Si has recibido un regalo de tu corazón, obsérvalo.

Algunas personas quedan asombradas de cómo su ser profundo y sabio les regala mensajes significativos, normalmente en forma simbólica e intuitiva:

«Me ha regalado una espada. Enseguida he pensado que tenía que cortar las ataduras con mi expareja, aunque me duela».

«Me ha venido a la mente con mucha fuerza la frase "todo es amor". He comprendido que cuando mi padre enfermó hice lo que pude y que ahora puedo quedarme en paz.»

«El corazón me ha regalado una escoba. ¿Será que tengo que barrer la basura de mi vida? Empezaré por ordenar mi familia de origen, mi casa y mi alimentación. Y, sobre todo, moderaré mi ingesta de alcohol.»

«Uf, he recibido una llave. Lo entiendo como que yo puedo, que tengo la llave. Es una inyección de confianza. Haga lo que haga, lo asumiré.»

«Me entrega un olor agrio e intenso, que me hace recordar el salón de mi casa de la infancia y las peleas entre mis padres. Ya debo dejarlo atrás, y juntarlos como padres en mí, a pesar de los pesares.»

Nuestra particular configuración de las cosas se manifiesta en esta meditación, que nos pone más en contacto con nuestra maquinaria interior, con nuestra realidad, enloquecida o cuerda, congruente o incongruente, ordenada o extravagante. Con nuestra parte psicológica, en definitiva. Pero también con la espiritual, porque al mismo tiempo que exploramos nuestras tramas y dramas, somos también el testigo, el espectador, el registrador. Y podemos identificarnos con ello. Ser el anfitrión de todo lo que llega, el señor. Conciencia, lo llaman muchos. Espíritu, otros. Somos también el que mira y percibe durante la meditación y no solo los devaneos y constructos de lo percibido. No se trata de un nivel superior o inferior de conciencia, pues no parece que la conciencia tenga niveles, sino del fuego esencial más allá del fueguito que encarnas.

Paso 1. Genera la actitud de no oponerte y abraza lo que ha sido o lo que está siendo en este momento

Encabeza el libro una cita de Spinoza: «Por realidad y perfección entiendo la misma cosa». Es una forma de decir que la realidad es perfecta tal y como es en cada momento, con independencia de lo que nos gustaría, de nuestra voluntad o de nuestros deseos. Porque sospecho que la realidad no se debe cuestionar o aplaudir a sí misma, simplemente es. Es soberana y todopoderosa, es Dios. Abracémosla, pues.

Para vérselas con el sufrimiento, aunque parezca paradójico, resulta un recurso cardinal saber estar en el dolor y lo incómodo sin agitarse demasiado, sin convertirlo en enojo, sin convertirlo en culpa, sin convertirlo en vergüenza, sin convertirlo en victimismo, sin convertirlo en exigencia, destrucción, agresión, etcétera. ¿Duele? Pues que duela, ¿por qué no? ¿Incomoda? Bueno, ¿por qué no?

Creo que hay mucha confusión en cómo vivimos. Hay demasiado sufrimiento por el hecho de que somos fóbicos al dolor. No creo que haya nada más rentable en los procesos terapéuticos que acoger el dolor, tome la forma que tome, cuando duele. Y nada más perjudicial que negar el dolor y convertirlo en algo distinto a lo que es.

Alguien puede interpretar este abrazo a la realidad y al dolor como resignación o sumisión. Cierta sumisión tiene sentido. «Me someto a lo que ha sucedido, a lo que está sucediendo en este momento estricto.» Sin embargo, el asentimiento tiene muy poco que ver con la resignación. Es más bien un proceso revolucionario y heroico. Por ejemplo, tengo un trabajo que no me gusta, no me interesa, no me complace, es así y así está ocurriendo, pero en lugar de pasarme la vida quejándome o buscando la comprensión de mi pareja o manipulando a los demás, digo: «Sí, asumo esta realidad y dejo de utilizarla para perder mi fuerza. Y ahora, si puedo, la cambio». O siento una vivencia desagradable en mi cuerpo, y ahondo e investigo en ella en lugar de tratar de alejarme con dureza o alcohol, por ejemplo. La asumo, me abro a ella. La teoría paradójica del cambio, muy querida por los abordajes humanistas y la terapia Gestalt, evidencia que las cosas pueden cambiar con mayor facilidad cuando más se permite que sean como son, en lugar de evitarlas. Acepto, luego transformo.

Como lo expresaba Jiddu Krishnamurti:

> No escapar de ninguna clase de dolor, de la pena de la soledad, de la agonía, de un shock, sino permanecer completamente con el suceso, con esa cosa que llamamos sufrimiento, ¿es eso posible? ¿Podemos sostener cualquier problema, sostenerlo y no tratar de solucionarlo, sino mirarlo como si sostuviéramos una joya preciosa y exquisita? La belleza de la joya en sí misma nos atrae, es tan agradable mirarla. De la misma manera, si somos capaces de sostener el sufrimiento completamente, sin ningún movimiento del pensamiento para escapar, entonces esa misma acción de no movernos del hecho genera la total libertad de eso que nos causa dolor.

¿Qué modelo de vida proporciona a sus hijos un padre que se pasa cuarenta años en un empleo que no le interesa en absoluto y quejándose de ello todo el tiempo? ¿Qué aprende el hijo acerca de la vida? El lenguaje de la debilidad. Otra cosa es que el padre diga: «A mí nunca me ha interesado este trabajo, pero he elegido seguir haciéndolo. Porque me convenía y lo necesitaba. Y así lo asumo». La energía es muy diferente cuando decimos: «Así es y lo asumo». Lo cual no significa que tenga que seguir siendo de esta manera para siempre, por supuesto. Es enorme el poder curativo de la honestidad y la responsabilidad cuando expresan «lo asumo». Asumo, luego actúo.

Si trasladamos esto, por ejemplo, al territorio de la pareja, vemos que a menudo el movimiento hacia una pareja está obstruido por los asuntos pendientes respecto a una relación anterior, es decir, por aquello acaecido que no ha sido concordado, asentido, integrado. Una persona dice: «Mi expareja no debería haber hecho esto o aquello, o debería haber sido de otra manera, más amorosa, o generosa, o confiable, etcétera». O, directamente, piensa o expresa: «Es una persona maldita» u otras lindezas similares. Y así queda atada por el rechazo y el resentimiento, al menos hasta que llega el momento en que logra rendirse y sentir o decir: «Así está bien, puedo abrir mi corazón a todas las cosas tal como fueron, a todo tal como ha sido». Esto no significa que sea agradable, no hay que confundirse. Uno puede abrirle el corazón a algo y experimentarlo como incómodo, indeseado o ingrato también. Uno no amará la muerte de un amigo o la infidelidad de una pareja de la misma manera que ama una puesta de sol o la sonrisa de un bebé. No será la misma experiencia, sin duda. Pero al final llega un momento en que uno dice: «Sí, así es, me someto a ello, y lo tomo como parte de mi vida». Y se dirige a la orilla de la alegría, al futuro emergente. Esta es la clave: que la energía se oriente hacia el futuro. Acepto o asiento, luego me hago libre y actúo y me oriento al futuro.

Entiendo que no es fácil, porque la mente tiende a decir: «Pero ¿cómo voy a aceptar que mi madre me abandonase en mi tierna infancia, cuando solo contaba con tres añitos de vida?». Es importante entender que asentir o aceptar no son el fruto de una decisión que tomamos, sino de un proceso que articulamos, muy a menudo con sutiles y tortuosas aventuras emocionales. Uno no puede decidir «voy a decir que sí». Sería fantástico, pero no funcionamos de este modo voluntarioso. En todo caso, uno puede decir: «Voy a poner la intención en integrar esto que me ha pasado y convertirlo en nutriente y recurso para mi vida, en lugar de lo contrario», pero no se pueden acelerar o precipitar las cosas según el antojo propio. Podemos acompañarlas. Hay vivencias y procesos que necesitan un tiempo. Y no es que el tiempo cure por sí mismo, solo amortigua el impacto emocional de los hechos. Lo que cura es el buen uso del tiempo para procesar, comprender, evolucionar, transformar. Esto es, usamos bien el tiempo cuando, decididamente, encaramos, sostenemos y resolvemos adecuadamente los procesos emocionales.

Cuando enfocamos los asuntos desde la perspectiva del sistema familiar, y no solo de cada persona individualmente, lo que vemos es siempre lo mismo: estamos atados a lo que no se completó, a lo que no se amó, a lo que se negó o excluyó en la familia. En el trabajo terapéutico de las constelaciones familiares encontramos muchas veces peripecias e implicaciones trágicas de tipo: «Te sigo a la muerte, querido». Madres o padres que siguen a la muerte a sus hijos o hijos que siguen a la muerte a sus hermanos o a sus padres por su dificultad para aceptar la pérdida y el dolor asociado. Entonces la energía se dirige hacia el pasado. Un padre que, por ejemplo, no puede incluir la realidad de la muerte de un hijo dice, de alguna forma: «Y como no lo puedo aceptar, muero yo contigo también». Esto es devastador, muy difícil. ¡Qué triste que a un hecho doloroso le suceda otro! ¿No es esta la trama y libreto de la tragedia? Un hecho doloroso, y a menudo penitencial, pretendiendo resolver otro hecho doloroso anterior.

Al final es un duelo, algo biológico. Porque estamos equipados también para los duelos, las pérdidas, las agresiones, las contrariedades. Eso sí, como decíamos antes, necesitan tiempo y debemos usarlo bien. Pasarán dos o cinco años o el tiempo que sea, y uno regresará a la orilla de la vida, a la alegría de vivir. Y se necesitarán también personas significativas que nos acompañen en nuestras zozobras y a las que podamos abrirnos con seguridad.

Como digo, no es fácil. Si mi yo de ahora le estuviera contando lo que estoy explicando a mi yo de cuando tenía veinticinco años, este pensaría: «¡Pero este tío de qué va!». Y es que a esa edad sentía que tenía un yo muy grande y marcadamente autorreferencial. Claro que luego la vida me ha dado, como a la mayoría, algunos correctivos. Con esto quiero decir que hay un tiempo para todo, y en esta dialéctica entre el yo y la vida seguramente corresponde que los jóvenes también vivan un poco la omnipotencia, si pueden, y la grandeza del yo personal y la idea de que todo es posible y de que todo lo van a conseguir. De que son titanes frente a la vida. Seguramente la vida todavía no los ha enfrentado a una enfermedad, a una traición amorosa, a una deslealtad, a un divorcio, a una muerte. Ya habrá tiempo para descender del pedestal y del despótico yo personal y abrirse a otras luces y otros poderes.

Me gusta pensar que uno baila con la vida, y que en ese baile va aprendiendo a morir, y por tanto a vivir aquí y ahora de verdad. Con los años uno se da cuenta de que no tiene el cuerpo que tenía, de que hay identidades que fueron muy importantes y ya no lo son, de que hay pérdidas, ropajes que quedaron estrechos y pieles que mudaron. En definitiva, que la vida es más grande que uno y se metamorfosea imparable, y al final solo queda inclinarse. De hecho, quizá la vida sea un baile con la muerte. Me inclino, luego soy más feliz.

En este primer paso cultivamos, pues, una cierta neutralidad santa, podríamos decir, sin preferencias, sin temores.

Paso 2. Observa tu mente y tu cuerpo e identifica el problema

El paso 1, por tanto, procura generar una actitud de no resistencia a nada que se presente, sea lo que sea —ni siquiera al dolor—, e, incluso, subiendo la apuesta, una actitud de «abrazo» a ese dolor o a cualquier cosa que experimentemos. Es preciso observar cómo se manifiesta nuestra insatisfacción o malestar, lo cual requiere interés, audacia y autobservación —de la mente con sus imágenes y pensamientos y del cuerpo con sus sensaciones y sutilezas—. Y aceptarlo.

Cuando empiezo a trabajar con una persona en un taller, mi primera pregunta casi siempre es la misma: «¿Cuál es el problema o qué vives como problema?». El problema puede ser algo pequeño o un asunto grande y comprometido, cualquier suceso o vivencia que se experimenten como desagradables, retadores o inaceptables. Una vez identificado, es pertinente que la persona se pregunte: «¿Qué ideas o qué sensaciones corporales me hacen percibirlo como un problema?» o «¿cómo sé que esto es un problema para mí? ¿Cómo he logrado elevar fragmentos de realidad a la categoría de problema?». Al explorar las respuestas empieza a adentrarse en su particular manera de vivir las cosas. Puro autoconocimiento experiencial en el ahora. Y ahí puede observar algunas sensaciones corporales concretas, la material y específica manera en que se expresa el problema en la alquimia de su cuerpo. También sus voces, diálogos e imágenes internos: qué dicen, qué actitud muestran, qué creencias defienden, etcétera. Lo más habitual es que, de alguna manera y en resumidas cuentas, vengan a decir «¡no quiero esto!»: «No quiero esta enfermedad», «me revienta lo que le pasa a mi hijo», «no soporto que mi mujer me deje», «estoy harto de tanto miedo o ansiedad o pena»...

Como en el caso de Carlos, que cito textualmente: «Mi problema es mi proceso de separación. Me duele. Siento un penetrante dolor en el pecho. No puedo aceptar que ella me haya dejado. Vengo de una familia donde las personas no se separan. ¿Cómo me ha dejado si mi madre nunca dejó a mi padre? Y mira que feliz no era... Debería haberme querido incondicionalmente». O el de Ana: «Tengo miedo a la enfermedad, a la exclusión, a la infidelidad, a estar sola. Ya tuve un cáncer en la sangre hace tres años». Ana tiene una idea de temor a la repetición, a que se reedite su vivencia de exclusión, de soledad y enfermedad. Con una sensación difusa pero lacerante en todo el cuerpo. También habla del mal sabor que le dejó una relación, en la que vivió reiteradas infidelidades del que era su compañero. Se siente atemorizada por lo que ya pasó, manteniéndose obsesivamente vigilante porque piensa que puede volver a repetirse en otra pareja futura, como un mal que se cierne impreciso y puede caer de nuevo como una maldición.

La realidad, en ambos casos —y, en verdad, en todos—, es aproblemática. Solo es. El aprieto emerge de la incapacidad de Carlos y Ana de mantenerse adultos y más neutros ante esa realidad. El problema es que quieren que lo que está sucediendo no suceda, o que suceda de distinta manera. O sea, se oponen. Y eso se manifiesta en una cadena de pensamientos, imágenes y sensaciones que se van trenzando y van creando la tramoya de su problema. Tanto Carlos como Ana imponen su punto de vista y una respuesta personal a la neutra realidad de las cosas. Nada nuevo bajo el sol. Todos lo hacemos.

En este paso 2 lo importante es identificar esa respuesta personal y ese punto de vista, esta manera propia de configurar subjetivamente lo problemático como si no hubiera más alternativas disponibles, tanto en la mente como en el cuerpo. ¿Cómo hacemos, pues, para lograr convertir realidades en problemas personales?

Paso 3. Pregúntate quién se opone y sufre dentro de ti

Hay que preguntarse a continuación: ¿y para quién, en mi interior, es un problema lo que está sucediendo? ¿A quién le duele? ¿Quién es en realidad el que sufre dentro de mí?

Si imaginamos que cada persona es un universo complejo, con muchas partes o subidentidades, hallaremos que no sufre todo uno como ser completo, sino, en cada situación, únicamente alguna de nuestras identidades internas. Si somos muy honestos, es probable que no nos guste la respuesta que atisbemos. Ahí descubriremos que casi siempre el que convierte algo en problemático es un niño interior que toma distintos rostros. Como decíamos, un niño tiránico y profético que quiere seguir manejando los hilos de la vida según su guion argumental. Tiránico porque exige: «¡Ya que me ayudó a defenderme en mi historia infantil, ahora tengo derecho a tomar el mando!». Y profético porque dice: «¡Las cosas tienen que ser tal y como han sido o deben parecerse o ser completamente opuestas [que es otra forma de atadura] al escenario infantil que me tocó!». Por ejemplo, si me tocó sentirme víctima de niño, luego en mis relaciones de pareja voy a posicionarme como víctima, o quizá de victimario, que opera dentro del mismo escenario. Aquí la profecía implícita es que una pareja tendrá que ser buena y verme maravilloso —algo que mi madre no hizo—, pero por lealtad a mi madre lo voy a impedir, así me mantendré en la penuria interior y podré seguir exigiendo que me vean bueno y maravilloso, con lo cual es muy probable que el otro se irrite y acabe tomando el rostro de un demonio. Profecía cumplida. Por tanto, hay que comprender sus dinámicas, escuchar su libreto. Seguro que tiene un repertorio de ideas muy curiosas, todas muy bien argumentadas, acerca de cómo tienen que ser las cosas. Y el resultado será el del sufrimiento, sin duda. Entonces, ¿qué identidad dentro de ti convierte hechos en problemas?

Siempre hay un niño. Los adultos, por supuesto, tenemos problemas, pero mientras no interfiera un yo infantil tiránico son problemas llevaderos, incluso interesantes. Les dan sal a los días y promueven nuevos desarrollos y retos personales. Ese niño puede haber sufrido mucho, no lo niego, pero de alguna forma ha impuesto su impronta a esa situación de sufrimiento y, sin darse cuenta, pretende perpetuarla. Puede que haya tenido que elegir entre el padre y la madre. ¿Cómo se siente un hijo que tiene que elegir a uno en contra del otro? ¿Cómo se siente un hijo que tiene que ser mejor para la madre que el padre o viceversa, por ejemplo? ¿Puede darse cuenta de la manipulación y del uso que la madre o el padre hacen de él? Difícil, porque, en su infancia, no los puede confrontar. Pero hay sufrimiento en ese niño que tiene que elegir, por eso es importante hablar con él, escucharlo (y luego, en un paso posterior, confrontarlo, como veremos). Que el adulto y el niño hablen. Obviamente, el niño real que fuimos siempre es inocente respecto a los adultos. De cualquier forma, cuando una subidentidad interior muy compulsiva y previsible ha cristalizado, la sentimos como si fuera nuestra identidad indudable y tratamos de imponerla y que dirija nuestra vida. Omnipotencia, narcisismo, victimismo, invisibilidad, obediencia, conformismo, seducción, abnegación, etcétera, son rostros, entre otros muchos, que suele tomar. Por supuesto, también vive dentro de nosotros el niño espontáneo, divino, amoroso, inocente, natural, pero este, generalmente, no sufre o no está implicado en los problemas porque sabe fluir con lo que la vida le trae, así que mantiene un lugar alegre a pesar de los pesares.

Abundan en estas ideas unas palabras de Eckhart Tolle:

> La infelicidad necesita un «yo» fabricado por la mente, con una historia, una identidad conceptual. Necesita tiempo, pasado y futuro. Cuando retiras el tiempo de tu infelicidad, ¿qué queda? Únicamente este momento tal como es.

Puede ser una sensación de pesadez, agitación, tirantez, enfado e incluso náusea. Eso no es infelicidad, y no es un problema personal. No hay nada personal en el dolor físico humano. Simplemente es una intensa presión o una intensa energía que sientes en alguna parte del cuerpo. Al prestarle atención, la sensación no se convierte en pensamiento, y ese modo no reactiva el «yo» infeliz. Observa qué ocurre cuando dejas que la sensación sea.

El niño interior contraído no necesita únicamente nuestro cariño, sino también una amable pero sólida confrontación que desenmascare su tiranía y su espíritu profético. Hay que entenderlo, pero también hay que confrontarlo. Porque sí, es cierto que sufrió con aquella trama con sus padres o en la familia o en entornos escolares o lo que fuera, pero no ayuda, por ejemplo, que mantenga que hay que estar al lado de la madre y contra el padre o viceversa, o que insista en su identidad de niño especial y crea que una mujer se lo tiene que aguantar todo, como le ocurría a Carlos. No ayuda que nos imponga vivir en el pasado más que en el presente.

Por tanto, pregúntate quién se opone, quién sufre dentro de ti, para quién algo de la realidad es un problema, quién, ahí dentro, quizá sepultado o escondido, grita: «¡No! ¡No debería ser así!». Ahí puedes escarbar, escudriñar e indagar. Porque, insisto, no sufre toda la persona, sino solo una parte de ella. Tenemos una enorme galería de subidentidades internas. Trata de encontrar esa identidad, esa voz o voces. Incluso, en casos graves, como perder a un ser muy querido, puede haber subidentidades antiguas que se resisten a un futuro horizonte de vida. Es obvio que perder a un ser querido es devastador y muy doloroso de una manera muy biológica; pero no es un *problema*: es doloroso. Necesitamos abrirnos al proceso del duelo. El problema aparece cuando, después de unos años, alguien dentro de nosotros sigue atado a la emoción y a la idea de que aquello no debería haber ocurrido. «¡No debería haberme ocurrido a mí!». ¿Quién lo acuña, lo piensa o lo dice ahí adentro? ¿Qué rostro tiene? ¿Qué edad? ¿Qué nombre le pondrías? ¿Cómo definirías esa identidad que sigue sosteniendo tu sufrimiento? En un problema, insisto, no está comprometida toda la persona. Hay algunas partes internas, algunos yoes, que sí lo están: nuestros arrogantes o exigentes escondidos, nuestros tozudos críticos, nuestros policías interiores, nuestros fantasmas asustados internos y mil etcéteras más. Las que sufren son estas identidades, pero no otras ni nuestro ser esencial.

Volviendo al caso de Carlos, después de una atenta escucha interior percibió que el abandono de su mujer era un problema para, cito textualmente, «el niño todopoderoso al que nadie puede abandonar, [...] un niño que está muy pegado a su madre, la cual nunca se separó de mi padre, aunque era en verdad un dictador insufrible, como marido y como padre. El niño interno tan dominante y alejado de su padre».

Carlos contó, con una mezcla de orgullo y enojo, el hecho de que su madre nunca se separara de su padre. Su propia separación, impuesta por su mujer, le confrontó con la creencia de que «no hay que separarse, hay que mantener la familia unida, pase lo que pase». También refirió una dinámica de conflicto entre su padre y su madre, y su propia implicación en alianza y cercanía con la madre, a la vez que luchaba contra su padre y se alejaba de él. Esta es una trama familiar muy prototípica, en la que no sabemos si el padre se vuelve dominante porque siente que la madre da prioridad al hijo o si la madre da prioridad al hijo porque siente que el padre es dominante y difícil. Sea como sea, el niño inocente y amoroso que vivía en Carlos entró en el paisaje de las implicaciones y desarrolló una identidad de niño narcisista y todopoderoso, pues así se lo hizo sentir su madre, quien también lo invistió de un disfraz de niño bueno, a través del cual Carlos interiorizó la creencia de que no hay que separarse. Y alumbró una identidad de niño / hombre debilitado, ya que le faltaba el padre, al que condenó por su autoritarismo y dominación.

Todo ello acabó configurando los ingredientes de la tormenta perfecta, que estalló cuando su mujer decidió separarse. Su pareja no era una madre que complaciera las expectativas proféticas de un niño «todopoderoso», algo que le resultó de difícil digestión durante el proceso.

El niño engreído quedó tocado. El niño bueno, leal a la madre y a la creencia de «vengo de una familia donde no se separan», también. Y más que nunca, sintió el desamparo y la falta del padre. Se sentía deprimido.

En el caso de Ana, su inmersión interior la llevó a encontrar lo siguiente: «Es un problema para la niña que, con seis años, se enferma y padece soledad, exclusión y mentiras. Es decir, sufre la niña abandonada, la niña enferma, la niña chiquita y la que no entiende nada».

Paso 4. Descubre cómo surgió esta subidentidad y cuáles son sus argumentos

Hay un ser esencial que difícilmente tiene problemas con nada. Es, como decíamos antes, un órgano que lo abraza todo, que no se opone a nada. De ahí venimos. Podríamos llamarlo nuestra naturaleza esencial. Luego, en el proceso de desarrollo infantil, nos van creciendo identificaciones, modelos, respuestas, defensas, aprendizajes, que van a configurar el paisaje de lo que llamamos *yo*, una suerte de narrativa corporal, comportamental y verbal, que nos define. No parece posible vivir psicológicamente desnudos, sino con ropajes caracteriales: por eso son necesarios la identidad, la cronología, el disfraz y la biografía, es decir, la personalidad. Algunos de nuestros aspectos internos son funcionales y útiles en ciertos contextos, vehículos que nos permiten el movimiento y la satisfacción de necesidades. Al mismo tiempo, pueden ser disfuncionales en otros contextos y complicarnos la vida, generándonos el tipo de problemas que estamos explorando. Aunque resulte provocativo o incluso frívolo, no me cansaré de repetir que es necesario poner mucho de nuestra parte para convertir un hecho de vida en un problema.

Así que, una vez identificadas la voz y la instancia interior involucradas en el sufrimiento, quizá ayude interesarnos por la manera en que apareció dicha instancia en nuestra historia: cómo nació, qué edad teníamos, de dónde viene, qué pasó para que se creara, qué función cumplió, con qué intensidad emocional o de supervivencia se fraguó, etcétera. Es probable que emergiera como un aprendizaje en la infancia, en la relación con los padres o cuidadores, o como legado, herencia, imitación, rechazo o resonancia de vivencias y personas del sistema familiar. En ocasiones, se trata de atuendos y de respuestas internas que se alimentan de energías transgeneracionales en temas familiares no resueltos. Alguien puede sentir una fuerte amenaza a la supervivencia, desarrollar un yo inquieto por la conservación, por ejemplo, sin que nada real en su vida lo justifique, excepto que sus abuelos estuvieron expuestos a hambrunas y carencias extremas, dejando una huella epigenética que más tarde podría expresarse como tales vivencias en su cuerpo.

Escucha, pues, los argumentos de la parte involucrada en tu sufrimiento: deja que se explique. Tal vez te diga algo como: «Sentí la lejanía e indiferencia de mi madre, y eso me hizo sentir muy vulnerable, muy frágil. Un vergonzoso yo abandonado tomó cuerpo en mí. Trato de esconderlo y sobreponerme buscando amor. Mi profecía es que nadie en la vida me tendría que abandonar de nuevo, pero paradójicamente es lo que me ocurre una y otra vez. Como una maldición, parece que consigo abandonos y me lamo mis heridas en soledad con amargas lágrimas. Ahora sufro terriblemente porque la persona que quería ya no me quiere». O bien: «Creo que hay un yo asustado ante la posibilidad de la falta; por eso acumulo y acumulo estímulos, comida o dinero, descuidando a las personas que quiero. Un extraño temor me invade. Sospecho que esto fue muy cierto para mi abuelo, ya que dos de sus hermanos no sobrevivieron a la desnutrición en su infancia. Sin embargo, me olvido de disfrutar de la vida. Y mis hijos se alejan de mí»...

En realidad, cuando la vida nos inflige o nos regala lo que llamamos *problema*, o nos hace sufrir, de paso consigue invitarnos a cuestionar estas identidades antiguas; y tal vez, a través de la experiencia del dolor y la frustración, logremos suavizarlas o evitar su poderoso automatismo. Para ello, hay que arremangarse, entrar a fondo, bucear en nuestro interior: investigarlas para averiguar de dónde surgen, cómo se fraguaron y qué función cumplieron. A menudo, es posible incluso encontrar la semilla, la escena fundacional en la que un yo empezó a tomar cuerpo en nosotros.

El propio relato de Ana, como hemos visto en el paso 3, contiene una valiosa pista temporal: tenía seis años. Enfermó y vivió una dolorosa soledad y exclusión. Dándole comprensión a la parte asustada, dice: «Es una niña de seis años. Se siente sola, la dejan sola, todos se van a la piscina a bañarse y le mienten; le dicen que es hora de dormir la siesta y no la llevan con ellos. Se pasa horas sola con la niñera. Y lo que recuerda con temor es ir a sacarse sangre, tomar medicamentos y ponerse muchas inyecciones, y que a veces se encuentra bien, pero igualmente no la dejan salir de la cama. Esta niña enferma se siente también muy enojada porque la dejan sola y por las mentiras, y por estar siempre en el mismo cuarto. Y los remedios tenían mal sabor, muy malo».

Carlos es más parco al expresar cómo se constituyó su personaje de niño todopoderoso. No puede localizar un inicio concreto. Parece, más bien, que su asunto fuese creado por el sistema de gota malaya o por una atmósfera crónica de represión de su temor ante los conflictos entre sus padres. Y entra en alianza y complicidad amorosa con la madre y en competencia con el padre. Solo tiene claro que en su cuerpo se fue adentrando la idea de que, a él, siendo tan especial, nadie lo podría abandonar ni dejar de querer. Que es un buen tipo, no como su padre, con lo cual es imposible que no lo elijan. Además, hay un yo convencional que ha interiorizado con vehemencia la creencia de que resulta nocivo no seguir apostando por la familia a toda costa.

Paso 5. Confronta tu identidad, cuestiona sus argumentos y profecías

Ahora seguramente comprendes mejor a ese niño, a esa niña, que alberga una larga historia y sufre en su interior. Has comprendido sus dinámicas históricas, qué le pasó y el código argumental que desarrolló, y puede que incluso te parezca muy razonable. Ahora bien, más que la solidez o plausibilidad de los argumentos, importa el resultado. Y el resultado es el sufrimiento, incluso a veces una cierta muerte en vida o un vivir con rigidez, ansiosamente o a medio gas. ¿Preferimos morir por nuestros argumentos o vivir, aunque debamos desprendernos de algunos de ellos?

Una vez en contacto con este niño sufriente, hay que decidir si seguiremos alimentándolo o nos atreveremos a ponerlo en jaque. Este punto es determinante, porque no es tan fácil cuestionarlo, hablarle con claridad, plantarle cara, quitarle el cetro. Como el niño sufrió, no suele avenirse fácilmente a nuestros razonamientos y palabras, y necesita garantías de que todo irá bien. Necesita una mezcla de amor y confrontación.

Por mi experiencia, diría que la vida se pone más fácil y más luminosa cuando la gente no se cree tanto al niño tiránico, cuando este no ocupa la sala de máquinas de sus emociones y su comportamiento, cuando se le hace abdicar de su reino y se le descorona. No es fácil. En el día a día, si no ponemos mucha conciencia, el niño salta a la mínima (como el resorte de un cerebro primario) y exhibe su dominio sobre nuestra voluntad. En ese punto, el adulto tiene que pararse y ver qué sucede: tomar conciencia y recuperar el mando. En el espacio terapéutico, esto es más fácil, pero es necesario llevarlo a la vida cotidiana. Y la vía para lograrlo es cultivar la atención. Así como en la meditación la conciencia es el continente o espejo que da cabida a todos los contenidos y formas, el adulto en nosotros puede ser un contenedor atento a estas partes tiránicas que nos habitan, con sus pasiones y turbulencias, para acogerlas y, a continuación, quitarles su potestad. Todo ello sin olvidar nunca que, en algún lugar en nuestro interior, tal vez reprimido o agazapado, se encuentra el niño natural, alegre y espontáneo, esperando ser reconocido e integrado en nuestra cotidianidad. Este navega alegre a través de la vida como viene.

Para Ana y Carlos, el mero hecho de haber contactado con estas identidades que tomaron cuerpo en la infancia fue liberador. Es distinto sentirse perdido en un mar de intensos oleajes emocionales que ocasionan sufrimiento que entender dónde se enraízan, quién los promueve y qué lógica siguen. Estas comprensiones les dieron una sensación de mayor dominio sobre sí mismos y una sensación de liberación: «¡Ah, no soy todo yo quien sufre, solo es una parte! La mayor parte de mi está a salvo».

Liberadora resulta también la idea de que el argumento exhibido por esa parte infantil, aunque parezca razonable, no lo es. Lo fue en su momento, pero ahora no. Ayuda comprender lo que podríamos llamar la búsqueda activa de una «atmósfera de repetición» por parte de la subidentidad implicada, como si se activaran una y otra vez los circuitos de lo viejo conocido, profetizando que se han de repetir. Que el adulto pueda acceder al cuadro de mandos de esta dinámica es el primer paso para empezar a tomar nuevos riesgos, a crear circuitos y respuestas nuevas.

Aprender a diferenciar entre el adulto y el niño, y entre la parte y el todo, es crucial para dirigir nuestros pasos hacia caminos alternativos. Como dice Carlos: «Es revelador, y alivia, separar el momento actual, adulto y maduro, de aquel niño demandante e involucrado con la madre en contra del padre». O, como lo expresa Ana: «La niña enferma y abandonada no es todo mi yo, sino solo uno de mis rostros».

Paso 6. Dialoga con tu personaje e intégralo

¿Qué le puedes cuestionar a este niño? ¿De qué manera te perjudica? ¿Qué necesita entender? ¿Cómo puedes fabricar en ti la genuina compasión que le faltó? ¿Qué necesita que escuches y comprendas de él? ¿Cómo puedes desarrollar opciones y riesgos nuevos?

Imagina un escenario con tres sillas. Una de ellas es la del rostro infantil con su personaje involucrado en tu sufrimiento, del que ya sabes su historia y sus tramas emocionales; otra es la del adulto actual, que está atravesando su problemática, ya sea una separación, como el caso de Carlos, o un miedo a la enfermedad o a la soledad, como en el de Ana. La tercera silla es para el observador neutro, benevolente, sabio, que también vive en ti y que todo lo acoge. A continuación, al modo gestáltico, siéntate alternativamente en las distintas sillas, encarnando el rol asignado, y expresa desde cada una de ellas cómo te sientes y qué te pasa cada vez. Lo más importante es el diálogo entre el adulto y el niño.

Anima al niño a que entre a fondo en sus experiencias infantiles de dificultad, con la certeza de que tu adulto está ahí para recibirlo, para escuchar todo lo que tiene que decir. Sé compasivo con lo que le tocó vivir cuando ocupes la silla del adulto, pero no te dejes arrastrar por sus argumentos. Intentará convencerte y decirte cuán importante es defenderse de su pasado doloroso, y seguro que tiene buenas y abundantes razones, pero no son las tuyas como adulto: no te sirven. Es más, te causan dolor o incomodidad emocional, y quizá también física. Si observas una lucha entre el adulto y el niño, siéntate en la tercera silla, la de la neutralidad y la sabiduría, y haz aportaciones desde la ecuanimidad.

Hace muchos años trabajé terapéuticamente con una mujer. Estaba muy mal porque había perdido una criatura con dos meses de embarazo. Me sorprendió que estuviera tan afectada, ya que no es lo habitual: el aborto, al principio del embarazo, duele, frustra, pero no angustia ni deprime a poco que uno sepa inclinarse ante la voluntad de ese algo mayor que gobierna la existencia. Ciertamente, ella había puesto mucha ilusión en aquel embarazo, pero las pérdidas, al principio de un embarazo, no suelen sentirse tan devastadoras como, por ejemplo, en un quinto mes. Echando mano de la técnica gestáltica de la silla vacía, le sugerí que dialogara con la criatura perdida. Le dijo desde su silla de adulta: «Ay, es que tenía tantas ganas de tenerte. Me hacía tanta ilusión...». Le sugerí que se sentara a continuación en la silla de la criatura y dijo: «Yo estoy bien, estoy tranquila. Estoy conforme con mi destino de no prosperar y vivir, estoy en mi camino. Quédate tranquila, mamá, no hay problema, yo estoy bien». A continuación, le pedí que se cambiara de nuevo a la silla del adulto. Pensé, equivocadamente, que con esto que había expresado en el rol de la criatura se quedaría tranquila, pero entonces le respondió: «Vale, vale, pero ¿por qué me has hecho algo así?».

Detengámonos un momento en este reclamo. La madre le dijo a la criatura: «¿Por qué me has hecho algo así?». Llamativo, cuando menos. Y también dolorosamente autorreferencial. Se veía con nitidez que allí había otra identidad involucrada, y no era la de la adulta. Tal vez, lo natural, o lo saludable, en este caso, sería expresar sentimientos como: «Perdí a esta criatura, duele, y esto es vida en movimiento, y me siento triste y frustrada, incluso enfadada, y de este modo les hago espacio al bebé y al dolor en mi corazón». Entonces, al reconocer todos los aspectos del hecho doloroso, el problema se cauteriza. Pero, para la mujer, la pérdida seguía siendo un problema. O, mejor dicho, para esa instancia infantil dentro de ella, para la niña llena de fantasías de omnipotencia, de grandeza, de éxito y de perfección, lo sucedido continuaba siendo un problema. La madre no estaba viviendo el duelo de la pérdida, sino el sentimiento de fracaso de una de sus identidades neuróticas.

Juntos, elaboramos cómo se había defendido del caos familiar durante su infancia, y cómo había desarrollado una identidad de persona eficiente y exitosa a la que todo le tenía que salir bien. La pérdida de su hijo había resquebrajado la imagen, dibujada en su mente, de que ella no padecía errores ni fracasos. Perder un hijo en el segundo mes de embarazo, o en cualquier otro, no es un error ni un fracaso, solo *es*; pero para su argumentario interior, aquello era un error que quebraba y desconfirmaba su imagen de «siempre todo bien».

Conviene escuchar y entender la lógica y los argumentos del niño, pero sin que sus razonamientos nos contaminen. No necesitamos comprárselos. El adulto tiene que decidir qué hacer con ello. Lo que ayuda es actualizarse en el tiempo y desarrollar nuevos riesgos y nuevos caminos. Puede comprender e incluso abrazar al niño, integrar al personaje como parte de su recorrido vital, pero sin dejar que dirija su vida actual.

En el caso de Ana, la adulta pudo decirle a la niña: «Comprendo todo lo que dices, sé cuánto te ha faltado la presencia de alguien seguro que te acompañara; esto lo ha hecho más difícil. Pero pudiste a pesar de todo. Ya pasó. Y ahora siento que puedo abrazar tus miedos y abrazarte a ti, y decirte que estés tranquila, que te acompaño con amor». En el diálogo de Carlos con su niño omnipotente, en algún momento el adulto le dijo al niño: «Gracias si me dejas libre», refiriéndose a poder conectarse con el padre y sentirse un ser humano normal, común, no especial, como había sido para la madre, haciendo alusión también a que separarse es un tránsito posible en la vida, doloroso pero aceptable. Cuando el niño le concedió la libertad que el adulto pedía, Carlos sintió una enorme liberación. Sintió que se abría un mundo de posibilidades, incluida la de rehacer quizá la relación con su expareja a partir de las nuevas comprensiones que había adquirido.

Paso 7. Crea tu yo futuro y potencia tu ser libre de identidades

Has podido observar tu sufriente problema desde la perspectiva del adulto y entender, y ojalá desactivar e integrar, la contribución de esta subpersonalidad o parte interior, que fue útil como defensa en tu infancia o en el torbellino de las tramas familiares, pero que ya no resulta adaptativa o funcional en tu vida actual. Haz ahora el ejercicio imaginario de ir al encuentro de tu yo futuro —por ejemplo, a unos años vista—, y desde ahí observa aquello que hoy te resulta tan difícil o constituye un sufrimiento en tu vida. Quizá, desde este yo futuro, el pasado que te fue tan complejo en su momento ya quedó en el olvido. Este suele ser un indicador interesante: cuántas cosas del pasado ya no recordamos casi, aunque en su momento fueron pasos estrechos y ordalías tremendas. Puedes notar ahora, desde tu yo futuro, cómo te sientes respecto al problema.

En el caso de Carlos, expresa que su yo futuro se siente fuerte y decidido, libre y con ganas de vincularse desde la libertad. Por su parte, Ana dice que su yo futuro está muy concentrado en practicar la escultura, que es su gran pasión, y siente confianza en lo que ha de venir, sea lo que sea.

Quiero insistir en la importancia que tiene el ejercicio de viajar imaginariamente al futuro y, desde ahí, observar el pasado. Incluso encaramarnos a hombros de nuestro yo anciano, cercano a la muerte, cuando todo está cerrándose en el balance vital. ¿Cómo se miran desde ahí los asuntos de los treinta, los cuarenta, los setenta? Cada tiempo trae sus propios retos, pero cuando nos encontramos en encrucijadas existenciales, a menudo ayuda imaginarse en el fin de la vida y buscar el consejo y el punto de vista del que está coronando el viaje y trata de integrarlo con sentido.

Por último, para terminar, procura poner conciencia para que esas identidades internas, partes, atuendos, trajes o formas, no vuelvan a tomar el pleno gobierno y las riendas de tu vida. Que sean equipajes útiles para algunos tramos del viaje, pero no mochilas pesadas y empecinadas. Para ello, desarrolla un centro vacío, más libre de identidades rígidas y tiránicas, tan implicado como al mismo tiempo desapegado del natural juego de la vida.

DISCÍPULOS DE LA REALIDAD (A MODO DE CONCLUSIÓN)

Quien se alegra en el tiempo, no se alegra todo el tiempo [...]. Quien se alegra por encima del tiempo y fuera del tiempo, este se alegra todo el tiempo.

MAESTRO ECKHART

El mundo no puede comprenderse, pero puede ser abrazado.

M. BUBER

Vivimos con un pie en la tierra y otro en el misterio. Con un oído abierto al mundo y otro receptivo a lo sagrado y lo insondable. Hay personas con el oído muy afinado para las cosas terrenales y otras con gran sensibilidad para la música de lo trascendente, para la incognoscible sinfonía de las esferas. Los más afortunados saben integrar ambos oídos y ambos mundos. Por un lado, se interesan por el funcionamiento de su maquinaria psicológica, sus pensamientos y emociones, su cuerpo, sus tendencias, obstáculos, miedos, necesidades, dones, ambivalencias y creencias, sus modos de relación, sus ambiciones, planes, deseos y sueños. Ante las dificultades, saben escucharse en profundidad y trabajar en sí mismos con un cóctel actitudinal compuesto de honestidad, capacidad de escucha y de contención, así como de audacia para orientarse creativamente hacia el mundo. Por otro lado, se abren al espíritu, sienten y asumen que están navegando en un océano incierto, en un misterio y una infinitud cuyo sentido, causa y devenir desconocen. Es decir, admiten su pequeñez y asienten a la vida. *Asienten a la vida...*

Entiendo que entraña una notable dificultad rendirse ante las cosas tal como son. Por eso, conviene tener presente lo que ayuda a conseguirlo en el trabajo psicoespiritual:

a) Atención y más atención. Atención plena, natural, constante, tal como recomendaba Buda. Su práctica tiene el efecto acumulativo de que nos facilita asentarnos en la conciencia o en el que atiende, en lugar de quedar solo cegados por sus manifestaciones.
b) La experiencia más que las ideas. Observar, por ejemplo, la respiración y cómo cambia y se agita o se aquieta a cada momento. Observar nuestras sensaciones corporales y nuestras fugaces imágenes mentales. Asumir la verdad de lo que sentimos a cada momento, más allá de las ideologías de cómo deberían ser las cosas y aquello que deberíamos sentir. Vivir más cerca de nosotros mismos, evitando usar las ideologías como sustitutos baratos de nuestra verdad en el corazón y en la acción.
c) Cultivar el presente, el árbol dorado de la vida, ante el cual toda teoría se queda gris. Todo ocurre aquí, ahora.
d) Saber reconocer y atravesar el dolor sin apegarse a él, así como cualquier otro sentimiento, fuera el que fuere.
e) Perseverar en la dignidad y en el sentido de ser amados como un fruto más de la realidad. Si realidad y perfección fueran asimilables, cada ser humano es realidad, y por tanto perfecto y querible tal y como es.
f) Desarrollar humildad y sentido de la sacralidad. Saber inclinarse completamente en el humus de la tierra y rendir homenaje a todo lo que nos rodea.
g) Asumir la responsabilidad como actitud fundamen-

tal ante la vida, así como su brazo lingüístico: «Yo asumo».

h) Cultivar la fuerza y la audacia para moverse en la dirección de lo que es importante. Que nuestros rasguños vengan de haber emprendido el viaje y de enfrentar los retos, no de habernos quedado en la cobardía o en casa.
i) Adherirse incondicional e indiscutiblemente a la realidad como una alabanza que cantamos en todo momento. ¿Cómo? Con gratitud. Con la magia de la palabra *gracias*.
j) Amar con todas las dimensiones emocionales del amor: gratitud, ternura, cuidado, generosidad, interés por el otro y por uno/a mismo/a, amparo, sostén, goce, alegría, humor, placer, etcétera. Y también en un sentido existencial, cuando el amor no es un sentimiento, sino un estado que incluye la paz, la ecuanimidad, la serenidad y la alegría, entre otras cualidades. Amor existencial, en suma, silencioso, infinito, pura bienaventuranza. Y asentimiento.

Al final, nuestro anhelo más profundo es hallarnos en paz y llegar a casa. Y se nota cuál es la gente que va progresando en este movimiento de tener más paz en el corazón porque en ellos la vida resplandece. Su vida no deja de estar exenta de complicaciones, problemas, pero cambia algo en su actitud. En ellas, se siente más la presencia del corazón, que se expande hacia la vida tal como se va manifestando, y la renuncia a los argumentos mentales.

Como hemos visto, los problemas o las complicaciones son relatos, son puntos de vista en los que nos empecinamos. Están sostenidos por argumentos, por explicaciones, por razonamientos que nos seducen y que siempre esconden algún tipo de herida. Pero nuestro anhelo profundo es siempre la paz del corazón. Ponernos a favor de la vida, no en contra. Cuanto más nos acercamos a ese lugar, más la vida tiene sentido porque sí.

Nietzsche lo expresó de manera brillante con el famoso concepto del *amor fati* o amor al destino: «No querer que nada sea distinto, ni en el pasado, ni en el futuro, ni por toda la eternidad. No solo soportar lo necesario, y menos aún disimularlo —todo idealismo es mendacidad [mentira, *fake*] frente a lo que es necesario—, sino amarlo». Y también: «Quiero aprender mejor cada día a ver como belleza lo necesario de las cosas: así seré de los que las embellecen. *Amor fati:* ¡que este sea mi amor a partir de ahora! No quiero hacer la guerra a lo feo. No quiero acusar, ni siquiera a los acusadores. ¡Que mi única negación sea apartar la mirada! ¡Y en todo y en lo más grande, solo quiero llegar a ser algún día un afirmador!».

Nuestro bienestar resulta al fin del camino afirmativo, que supone ponernos en brazos de la Gran Voluntad de la vida —para descubrir que nos guía de manera bendita— y dejar de desear que nada hubiese sido diferente de como fue o sea distinto de como es ahora, en este instante precioso. Entonces, tomados por la música de la realidad, danzaremos con ella sin fin, en un pleno gesto de afirmación, en un santo sí a la vida. ¿Cuándo? ¿Dónde? ¿Con quién? Ahora y siempre, aquí, contigo.

La cuarta edición de este libro se
imprimió en Arteos Digital, S. L.
en septiembre de 2023